DK TOP **10**

# MÜNCHEN

## ELFI LEDIG

# Inhalt

## Stadtteile

## Reise-Infos

Die TOP10-Listen in diesem Buch sind nicht nach Rängen oder Qualität geordnet. Alle zehn Einträge sind in den Augen des Herausgebers von gleicher Bedeutung.

**Umschlag Vorderseite & Buchrücken**
Skyline mit Neuem Rathaus, Peterskirche und Frauenkirche *(von rechts)*
**Titelseite** Altstadt mit Altem Rathaus
**Umschlag Rückseite, im Uhrzeigersinn von links oben**
Lebkuchenherzen und Fahrspaß auf dem Oktoberfest, Blick auf den Wendelstein, Rathaus bei Sonnenuntergang

**Die Informationen in diesem** TOP10-**Reiseführer werden regelmäßig aktualisiert.**

Angaben wie Telefonnummern, Öffnungszeiten, Adressen, Preise und Fahrpläne können sich jedoch ändern. Der Verlag kann für fehlerhafte oder veraltete Angaben nicht haftbar gemacht werden. Für Hinweise, Verbesserungsvorschläge und Korrekturen ist der Verlag dankbar.
Bitte richten Sie Ihr Schreiben an:
Dorling Kindersley Verlag GmbH
Redaktion Reiseführer
Arnulfstraße 124 • 80636 München
reise@dk.com

# Willkommen in
# München

**Blau-weißer Himmel, barocke Kirchen und ein fast mediterranes Lebensgefühl – Bayerns Landeshauptstadt, die im 19. Jahrhundert zu einem Zentrum von Wissenschaft und Kunst avancierte, ist ein Besuchermagnet. Die »nördlichste Stadt Italiens« verzeichnet rund neun Millionen Besucher jährlich und gehört zu den lebenswertesten Metropolen weltweit.**

München ist eine Großstadt (1,5 Mio. Einwohner), doch vor allem ist es eine Stadt des guten Lebens: Die Cafés an den zahlreichen schönen Plätzen sind mit den ersten Sonnenstrahlen im Frühjahr voll besetzt. Die vielen grünen Oasen, etwa den **Englischen Garten** und die renaturierten Isarauen, nutzen die Münchner zur Entspannung. Sport- und Outdoor-Fans zieht es in den **Olympiapark** oder gleich zu den oberbayrischen **Seen** und den nahen **Alpen**.

Ludwig I. machte die Stadt zum »Isar-Athen«. Heute ist München mit so vielen Kunstinstitutionen gesegnet wie noch nie. Sie konzentrieren sich mittlerweile im **Museumsviertel**. Dort liegen – in der Nähe der beiden Exzellenz-Universitäten – die drei **Pinakotheken** und weitere sehenswerte Museen.

Dank der Braukunst der Mönche, die sich im 13. Jahrhundert an der Isar ansiedelten, ist München (Munichen = bei den Mönchen) die Biermetropole Nr. 1 – mit dem weltberühmten **Oktoberfest** und den vielen **Biergärten**. Für jeden Besucher ein Muss: eine Maß Bier an einem lauen Sommerabend unter alten Kastanien.

Ob Sie nur ein Wochenende oder eine ganze Woche Zeit haben: Dieser TOP**10**-Reiseführer beschreibt das Beste, was München bietet – vom **Deutschen Museum** über die **BMW Welt** bis zum Märchenschloss **Neuschwanstein**. Zahlreiche Tipps, Spaziergänge und Touren helfen Ihnen, die ganze Bandbreite zu erleben. Genießen Sie die ganz besondere Münchner Mischung von Großstadtflair und ländlichem Charme, von Hightech und Tradition!

Im Uhrzeigersinn von oben: Staatstheater am Gärtnerplatz, Hofbräuhaus, Olympiapark, Schloss Nymphenburg, Löwe an der Residenz, Oktoberfest

# München entdecken

Ob Sightseeing, Shoppen oder Genießen – München bietet all das. An zwei Tagen kann man Altstadt und Englischen Garten besichtigen. Wer mehr Zeit hat, nimmt Nymphenburg und Olympiapark dazu. Unsere Tagestouren helfen, dass Sie die wichtigsten Highlights nicht verpassen.

**Wasserpilzbrunnen an der Frauenkirche** – im Sommer bei Besuchern als Ort der Erfrischung beliebt.

**Legende**
— Zwei-Tages-Tour
— Vier-Tages-Tour

## Zwei Tage in München

### Tag ❶
**Vormittags**
Beginnen Sie den Tag in der **Frauenkirche** *(siehe S. 14f)*. Achten Sie darauf, dass Sie um 11 Uhr am **Marienplatz** *(siehe S. 12f)* sind, um dem Glockenspiel zu lauschen. Dann erklimmen Sie den Turm der Peterskirche *(siehe S. 79f)*, von oben haben Sie einen herrlichen Rundblick. Schließlich folgt ein Bummel über den **Viktualienmarkt** *(siehe S. 80)*.
**Nachmittags**
Über den **Sankt-Jakobs-Platz** mit Synagoge *(siehe S. 80)* und Münchner Stadtmuseum *(siehe S. 80)* geht es zur **Asamkirche** *(siehe S. 81)*. Danach schlendern Sie über den Marienhof zur **Oper** *(siehe S. 89)* und zur **Residenz** *(siehe S. 16f)*.

### Tag ❷
**Vormittags**
Vom Odeonsplatz mit **Theatinerkirche** und **Feldherrnhalle** *(siehe S. 91)* biegen Sie ab in den **Hofgarten**. Wenn Sie ihn durchqueren, gelangen Sie zum **Haus der Kunst** *(siehe S. 104f)*. Gleich daneben sehen Sie die berühmten Eisbach-Surfer.
**Nachmittags**
Verbringen Sie den Nachmittag im **Englischen Garten** *(siehe S. 22f)*, und machen Sie eine Pause am Chinesischen Turm oder im **Seehaus**.

## Vier Tage in München

### Tag ❶
**Vormittags**
Starten Sie am **Marienplatz** *(siehe S. 12f)* und erkunden die Umgebung: **Viktualienmarkt** *(siehe S. 80)*, Sendlinger Straße und Kaufingerstraße bis zur **Frauenkirche** *(siehe S. 14f)*.
**Nachmittags**
Am Odeonsplatz betrachten Sie die **Feldherrnhalle** und werfen einen Blick in die **Theatinerkirche** *(siehe S. 91)*. Dann gehen Sie in den **Hofgarten**. Danach bietet sich ein Besuch der **Residenz** *(siehe S. 16f)* an.

**Das Lenbachhaus**, die Villa des Malerfürsten Franz von Lenbach, besitzt eine weltberühmte Bildersammlung des »Blauen Reiters«.

## Tag ❷

**Vormittags**

Der Tag beginnt mit einem Spaziergang durch den riesigen **Englischen Garten** *(siehe S. 22f)*. Vom **Chinesischen Turm** schlendern Sie zum **Seehaus**. Hier können Sie direkt eine Pause in der Sonne genießen. Dann steuern Sie die **Feilitzschstraße** an und gelangen zur **Münchner Freiheit**. Besteigen Sie hier die U3 Richtung Olympiapark, wo Sie den Nachmittag verbringen.

**Nachmittags**

Am Olympiazentrum angekommen, laufen Sie direkt auf **BMW Welt** *(siehe S. 129)* und **BMW Museum** *(siehe S. 128)* zu, die Sie sich unbedingt anschauen sollten. Bestaunen Sie anschließend die faszinierende Architektur im **Olympiapark** *(siehe S. 32f)*. Werfen Sie an der Promenade des Olympiasees einen Blick auf den »Olympic Walk of Stars«.

## Tag ❸

**Vormittags**

Der Museumstag beginnt am **Königsplatz**. Hier haben Sie die Wahl zwischen **Glyptothek**, Antikensammlungen und Lenbachhaus *(siehe S. 97)*, den drei **Pinakotheken** *(siehe S. 18–21)*, dem **Museum Brandhorst** *(siehe S. 99)* und dem Staatlichen Museum Ägyptischer Kunst *(siehe S. 98)*.

**Nachmittags**

Mit dem Bus 100 fahren Sie anschließend zum **Ostbahnhof**. Bummeln Sie durch das Zentrum von Haidhausen *(siehe S. 113)* mit vielen netten Geschäften, Cafés und Plätzen. Am **Gasteig** *(siehe S. 112)* und am Müller'schen Volksbad *(siehe S. 112)* vorbei erreichen Sie das **Deutsche Museum** *(siehe S. 26–29)*.

## Tag ❹

Dieser Tag ist **Schloss Nymphenburg** *(siehe S. 30f)* mit seinem großen Park und den Parkschlösschen gewidmet. Nach einem ausgiebigen Spaziergang im Schlosspark lädt das **Schlosscafé im Palmenhaus** *(siehe S. 130)* zu einer Pause ein. Dann besuchen Sie den **Botanischen Garten** *(siehe S. 127f)*. Lassen Sie den Tag im nahen **Hirschgarten** *(siehe S. 128)* ausklingen.

# Highlights

Blick auf das Deutsche Museum
an der Isar

# TOP 10 Highlights

»München leuchtete« – schrieb Thomas Mann über seine Wahlheimat. München besitzt nicht nur historische Bauwerke, Museumsschätze und ein lebhaftes Kulturleben, es bietet auch einen hohen Freizeitwert, südliches Lebensgefühl und »Liberalitas Bavariae«.

### ❶ Um den Marienplatz

Am Marienplatz steht das Neue Rathaus mit dem bekannten Glockenspiel *(siehe S. 12f)*.

### Frauen-kirche ❷

Der gotische Münchner Dom wurde mit seinen »welschen Hauben« zum Vorbild für bayrisch-barocke Zwiebeltürme *(siehe S. 14f)*.

### ❸ Residenz

Ab 1385 entstanden die verschiedenen Flügel und Höfe dieses Schlosskomplexes *(siehe S. 16f)*.

### Pinakotheken ❹

Im Museumsviertel liegen drei Pinakotheken beisammen. Die älteste von ihnen, die Alte Pinakothek (1836), birgt unschätzbare Kunstwerke *(siehe S. 18–21)*.

### Englischer Garten ❺

Münchens grüne Lunge gehört zu den weltweit größten innerstädtischen Parks. Hier entspannen sich Einheimische und Besucher *(siehe S. 22f)*.

Map labels: Olympiasee, Oberwiesenfeld, Ebenau, DACHAUER STRASSE, LANDSHUTER ALLEE, LEONRODSTRASSE, LEONROD-PLATZ, SCHWERE-REIT, ACKERMANNSTRASSE, PLATZ DER FREIHEIT ❼, NYMPHENBURGER STRASSE, ARNULFSTRASSE, MARS-PLATZ, MARSSTRASSE, Max-vorstad, LANDSBERGER STRASSE, Schwanthaler-höhe, SCHWANTHAL, THERESIENHÖHE, Theresienwiese, BAVARIARING ❾, ❽

**6 Deutsches Museum**
Es genießt den Ruf, das älteste und größte Wissenschafts- und Technikmuseum der Welt zu sein. Jährlich zieht es gut 1,5 Millionen Besucher in seinen Bann *(siehe S. 26 – 29).*

**Schloss Nymphenburg 7**
Die Sommerresidenz (ab 1664) lag einst außerhalb der Stadt. Mit ihrem großen Park ist sie eine grüne Oase im Münchner Westen *(siehe S. 30f).*

**8 Olympiapark**
Das Zeltdach des Olympiageländes (1972) galt seinerzeit als architektonische Innovation – es ist noch immer sehenswert *(siehe S. 32f).*

**Oktoberfest 9**
Zum größten Volksfest der Welt strömen Millionen Besucher *(siehe S. 34f).*

**Neuschwanstein 10**
Das berühmteste Schloss des Märchenkönigs wurde von Ludwigs II. Bewunderung für Wagner-Opern inspiriert *(siehe S. 36f).*

# TOP 10 ★ Um den Marienplatz

Heinrich der Löwe machte den Marienplatz zum Zentrum Münchens – das er noch heute ist. Dominiert wird er vom Neuen Rathaus, davor befinden sich Mariensäule (1638) und Fischbrunnen (1886). Westlich des Platzes beginnt die Fußgängerzone, nördlich verlaufen Wein- und Theatinerstraße, östlich geht es zum Isartor und zur Maximilianstraße und südlich zum Viktualienmarkt. Kurz: Am Marienplatz kommt jeder vorbei.

### Neues Rathaus ②

Das neugotische Rathaus *(rechts)* wurde 1867–1909 erbaut. Hoch auf dem Turm steht das Münchner Kindl. Im Turmerker findet täglich das berühmte Glockenspiel statt. Durch das Eingangstor mit Wappen gelangt man in den Prunkhof *(siehe S. 79)*.

### ③ Altes Rathaus

Das gotische Gebäude von 1470 *(links)* an der Ostecke des Marienplatzes ist ein Saalbau mit Ratsturm (früheres Stadttor). Im Turm befindet sich heute das Spielzeugmuseum. *(siehe S. 79)*.

### ① Marienhof & Dallmayr

Hinter dem Rathaus liegt der Marienhof, auf dessen Gelände eine neue S-Bahn-Station entsteht. Gleich rechts sieht man die strahlend gelb-weiße Fassade des bekannten Schlemmerparadieses Dallmayr *(siehe S. 93)*.

### ④ Peterskirche

Münchens älteste Pfarrkirche (13. Jh.) steht am höchsten Punkt der Altstadt. Ihr Renaissance-Turm, der »Alte Peter«, ist ein Wahrzeichen der Stadt *(siehe S. 44 & 79f.)*.

### ⑤ Odeonsplatz

Hier wird deutlich, warum München als nördlichste Stadt Italiens gilt: An den Odeonsplatz grenzen die Theatinerkirche im Stil des italienischen Spätbarock, die Residenz, der Hofgarten mit Arkaden und die Feldherrnhalle *(links)*, die 1844 von Friedrich von Gärtner nach Florentiner Vorbild (Loggia dei Lanzi) für die bayrischen Militärs errichtet wurde *(siehe S. 91)*.

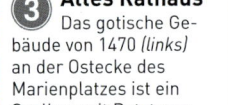

(6) **Viktualien-markt**

Der Markt für Viktualien (Lebensmittel) entstand 1807. Ein Bummel entlang der 140 Marktstände ist ein Muss. Am Südende stehen Der Pschorr und die Schrannenhalle mit italienischer Feinkost *(siehe S. 80)*.

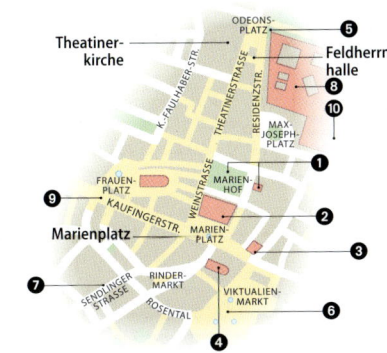

(7) **Sendlinger Straße**

In der Einkaufsstraße stehen zwei Attraktionen: die spätbarocke Asamkirche und direkt daneben das Asam-Haus mit imposanter Fassadenstuckierung *(siehe S. 68 & 81)*.

(9) **Fußgänger-zone**

Die Fußgängerzone *(siehe S. 68)* beginnt an der Westseite des Marienplatzes und erstreckt sich bis zum Karlsplatz/Stachus. Sehenswert: die Michaelskirche aus der Spätrenaissance *(siehe S. 44)*.

(10) **National-theater**

Am Max-Joseph-Platz steht das klassizistische Nationaltheater *(oben)*, eine der größten Opernbühnen der Welt. Der »Tempelbau« (1818) wurde zweimal zerstört – und zweimal wiedererrichtet *(siehe S. 89)*.

(8) **Residenz**

Die Residenz diente den Wittelsbachern jahrhundertelang als Wohn- und Regierungssitz. Zu den Höhepunkten der monumentalen Anlage mit ihren eindrucksvollen Raumensembles gehören der größte profane Renaissance-Saal nördlich der Alpen und der klassizistische Königsbau. Die Museumsräume der Residenz bergen wertvolle Schätze *(siehe S. 16f)*.

**Infobox**

Karte N3 ▪ S1–S8: Marienplatz, U3/U6: Marienplatz & Odeonsplatz

**Führungen (Neues Rathaus):** +49 89 23 39 65 00 ▪ Fr 18, Sa 11.30 & 15.30, So 11.30 & 13.30 Uhr ▪ Eintritt: 18 € (Ermäßigungen tel. erfragen)

Rathausturm: Mo – Fr 10 – 18, Sa 9 –17, So 10 –14 Uhr ▪ Eintritt: 6 € (ermäßigt 2 €) ▪ &

**Turm (Peterskirche):** +49 89 210 23 77 60 ▪ Zeiten der Website entnehmen ▪ Eintritt: 5 € (Schüler 2 €, Studenten, Senioren 3 €) ▪ Nächtliche Turmbesteigung: Fr, Sa 20 Uhr (Eintritt 25 €) ▪ www.alterpeter.de

**Südturm (Frauenkirche):** wg. Sanierung geschl.

**Spielzeugmuseum (Altes Rathaus):** +49 89 29 40 01 ▪ Zeiten tel. erfragen ▪ Eintritt: 6 € (ermäßigt 2 €, Familien mit bis zu drei Kindern 12 €)

**Glockenspiel:** tägl. 11 & 12 Uhr (März – Okt: auch 17 Uhr)

# TOP 10 ★ Frauenkirche

Die Frauenkirche – eigentlich: Dom zu Unserer Lieben Frau – ist die größte gotische Hallenkirche Süddeutschlands. Sie wurde 1468–88 von Jörg von Halspach und Lucas Rottaler anstelle der romanischen Stadtkirche errichtet. Ihre beiden fast 100 Meter hohen Türme mit den »welschen Hauben« prägen die Skyline. Kein Gebäude in der Innenstadt darf höher gebaut werden.

**① Teufelstritt**
Der Fußabdruck *(rechts)* mit Sporn an der Ferse soll vom wütenden Teufel stammen, der eine Wette mit den Baumeistern verlor. Seither brausen seine Gesellen ab und an um die Türme.

**② Brautportal**
Das südöstliche, früher auch Schrannentor genannte Tor der Frauenkirche zeigt filigrane Figürchen, aufwendige Verzierungen und eine Sonnenuhr.

**④ Kirchenfenster**
Die Fenster des Doms *(rechts)* stammen aus verschiedenen Epochen. Einige gotische Fenster und Glasgemälde sind noch erhalten.

**⑤ Gewölbe**
Einst besaß der Innenraum ein Sternengewölbe, das jedoch im Zweiten Weltkrieg zerstört wurde. 1990–93 wurde das Innere *(links)* behutsam erneuert.

**Kaisergrab ③**
Das Kenotaph für Kaiser Ludwig den Bayern *(rechts)* wurde 1622 von Hans Krumpper vollendet. Es ist ein Denkmal, kein Grab.

### 6 Orgel
Die neue Haupt-orgel *(oben)* von 1994 aus der Werkstatt Georg Janns ist eine von vier Orgeln. Sie hat 95 Register auf vier Manualen und einen zusätzlichen fahrbaren Spieltisch.

### 7 Chorfiguren
Chorgestühl und -gitter des neu gestalteten Altarraums zeigen Figuren und Reliefs von Erasmus Grasser, die er 1495–1502 anfertigte.

### 8 Memminger Altar
Beim Altarraum rechts und links der Marien-säule sind Teile des sogenannten Memminger Altars (um 1500), eines Flügelaltars von Claus Strigel, zu sehen.

### 9 Christopho-rus-Statue
Die Figur (um1525) von Hans Leinberger ist ein Werk der Spätgotik.

### 10 Türme
Die beiden Türme *(oben)* mit den Renaissance-Hauben sind nach dem Vorbild des Jerusalemer Felsendoms gestaltet. Der Südturm bietet einen Panoramablick.

---

**Infobox**
Karte M3 ▪ Frauenplatz ▪ S1–S8 & U3/U6: Marienplatz ▪ +49 89 290 08 20 ▪ www.muenchner-dom.de
▪ Mo–Sa 8–20, So 9.30–20 Uhr ▪ keine Besichtigungen während der Gottesdienste (Mo–Sa 8.30 &18.30, So 10 & 18.30 Uhr)
**Türme:** Auffahrten derzeit nicht möglich.

**Führungen:** Mo–Sa 11.30 Uhr (kurzfristige Änderungen möglich; siehe Website)
Im Münchner Dom finden Orgelkonzerte, Aufführungen des Domchors und weitere Konzerte statt.
Neben den normalen Führungen gibt es auch biblische und Themenführungen, etwa zu den neueren und älteren Kirchenfenstern (Termine siehe Website).

Der Dom besitzt noch fünf mittelalterliche und zwei barocke Kirchenglocken. Sie gehören zu den historisch wertvollsten Glockenensembles in Deutschland. Charakteristisch sind die vielfältigen Klangbilder.
Auf dem Frauenplatz zur Augustinerstraße hin steht der Wasserpilzbrunnen – im Sommer eine Wohltat für müde Füße.

# TOP10 ⭐ Residenz

Die Residenz entwickelte sich aus einer Wasserburg (1385) zu einem weitläufigen Komplex um zehn Höfe. Bis 1918 war sie Wohn- und Regierungssitz der Wittelsbacher. Das größte deutsche Innenstadtschloss vereint diverse Stile – vom Antiquarium im Renaissance-Stil bis zum klassizistischen Königsbau. Rundgänge führen durch historische Raumensembles mit herrschaftlicher Wohnkultur.

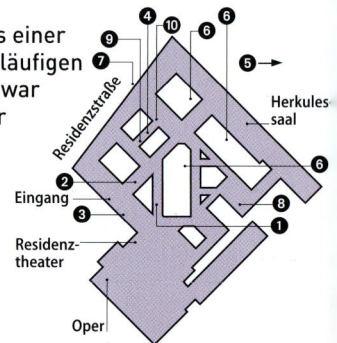

### 1 Antiquarium
Herzog Albrecht V. ließ das Antiquarium (oben) 1568–71 errichten. Allegorische Fresken, Groteskmalereien und Ansichten von bayrischen Landschaften schmücken das prachtvolle 69 Meter lange Tonnengewölbe.

### 2 Grüne Galerie
Die Zimmerflucht der sogenannten Reichen Zimmer, die ab 1730 von François Cuvilliés d. Ä. angelegt wurde, enthält auch die Grüne Galerie (links), Schauplatz zahlreicher Festlichkeiten des Kurfürsten Karl Albrecht.

### 3 Schatzkammer
Die Schatzkammer (16. Jh.) birgt u. a. Goldschmiedearbeiten, die Kroninsignien der Wittelsbacher und Arbeiten aus Bergkristall, Edelsteinen oder Elfenbein.

### 4 Hofkapelle
Die doppelstöckige Kapelle wurde 1601–14 von Hans Krumpper errichtet. Höflinge sammelten sich unten, die Herrscherfamilie wohnte der Messe von den Emporen aus bei (oben).

**8 Cuvilliés-Theater**

Das Juwel (links) wurde 1751–55 von François Cuvilliés d. Ä. erbaut. Es gilt als Europas schönstes Rokoko-Theater. Hier wurden einst prachtvolle Barockopern aufgeführt.

**5 Hofgarten**

Der ab 1613 angelegte Renaissance-Garten mit Linden auf der Nordseite der Residenz strahlt italienisches Flair aus. Im Zentrum des Kreuz- und Diagonalwege-Systems steht der 1615 von Heinrich Schön d. Ä. entworfene Dianatempel.

**9 Reiche Kapelle**

Die Privatkapelle (1607) von Maximilian I. ist mit ihrem Altar aus Ebenholz, dem Buntmarmor und den vergoldeten Reliefs ein Werk des Manierismus.

**7 Löwen**

Vor der Residenz stehen vier Bronzelöwen mit Schilden, die am Ende blank gescheuerte Löwenschnauzen zeigen. Es soll Glück bringen, wenn man sie streichelt – viele hier vorbeigehenden Münchner tun es (links).

**10 Staatliche Münzsammlung**

Das Museum birgt die weltweit größte Münzsammlung, hinzu kommen Papiergeld, Medaillen sowie geschnittene Steine, etwa antike Gemmen. Im wahrsten Sinne eine Schatztruhe – nicht nur für Sammler.

**6 Innenhöfe**

Über das nördliche Portal geht es in den Kaiserhof, über das südliche in den Grottenhof (rechts). Der Brunnenhof ist achteckig angelegt. Der Apothekenhof ist größter, der Innenhof des Cuvilliés-Theaters kleinster Hof.

**Infobox**

Karte N3 ■ Residenzstraße 1 ■ U3/U6 & U4/U5: Odeonsplatz ■ +49 89 29 06 71 ■ www.residenz-muenchen.de

**Residenz:** Apr – Mitte Okt: tägl. 9–18 Uhr; Mitte Okt – März: tägl. 10–17 Uhr ■ 1. Jan, Faschings-Di, 24., 25. & 31. Dez geschl. ■ Besichtigung für Rollstuhlfahrer nur mit Aufsichtsperson

■ Eintritt: Residenzmuseum 9 € (ermäßigt 8 €); Schatzkammer 9 € (ermäßigt 8 €) ■ Audio-Führer (kostenlos)

**Cuvilliés-Theater:** Apr – Mitte Okt: Mo – Sa 14 –18, So & Feiertage 9 –18 Uhr (Aug – Mitte Sep: tägl. ab 9 Uhr); Mitte Okt – März: Mo – Sa 14 –17, So & Feiertage 10 –17 Uhr

■ Eintritt: 5 € (ermäßigt 4 €)

**Staatliche Münzsammlung:** Residenzstraße 1 (Eingang Kapellenhof) ■ +49 89 22 72 21 ■ www.staatliche-muenzsammlung.de

■ Di – So 10 –17 Uhr ■ Eintritt: 3 € (ermäßigt 2 €)

■ Alle Museen: Kinder & Jugendliche bis 18 Jahre frei

■ **Hinweis:** In der Residenz finden keine regelmäßigen Führungen statt.

# TOP10 ⭐ Alte Pinakothek

Die Alte Pinakothek – eine der wichtigsten Gemäldegalerien weltweit – wurde von König Ludwig I. gegründet, nach Plänen von Leo von Klenze erbaut und 1836 eröffnet. In unmittelbarer Nachbarschaft liegen Neue Pinakothek (wegen umfangreicher Sanierung bis mindestens 2025 geschlossen), Pinakothek der Moderne und Museum Brandhorst *(siehe S. 20f)*. Die Alte Pinakothek beherbergt die Sammlungen der bayrischen Herzöge, Kurfürsten und Könige sowie von aufgelösten Klöstern – unschätzbare Meisterwerke alter Kunst.

**1 El Grecos** *Entkleidung Christi*
El Greco malte das düstere Werk um 1580–95. Es ist Teil der exquisiten Sammlung spanischer Malerei *(oben)*.

**4 Dürers** *Die vier Apostel*
Die Dürer-Sammlung dokumentiert die Entwicklung des Künstlers vom *Selbstbildnis im Pelzrock* (1500) bis zu den *Vier Aposteln* (1526), zwei Jahre vor seinem Tod.

**2 Tizians** *Kaiser Karl V.*
Tizian porträtierte 1548 den Kaiser auf dem Augsburger Reichstag. Der Regent hatte den italienischen Künstler zum Hofmaler ernannt.

**Rubens'** *Raub der Töchter des Leukippos* **3**
Das hochbarocke Bild aus dem Jahr 1618 *(rechts)* zeigt die ausgefeilte, formatfüllende Choreografie von vier Menschen und zwei Pferden, die alle in Bewegung sind.

### 7 Altdorfers *Alexander-schlacht*

Albrecht Altdorfers berühmtes detailreiches Gemälde von 1529 zeigt den Sieg Alexanders des Großen über den Perserkönig Darius *(links)*.

### 8 Holbeins *Darbringung im Tempel*

Das spätgotische Werk (1502) von Hans Holbein d. Ä. ist Teil des Kaisheimer Altars.

### 9 Brueghels *Schlaraffen-land*

Pieter Brueghel d. Ä., der bekannteste Vertreter der flämischen Schule, bildet in seinem Werk *(links)* von 1567 Völlerei und Faulheit satirisch ab. Grundlage war ein Schwank von Hans Sachs.

### 10 Botticellis *Beweinung Christi*

Sandro Botticellis Bild von 1490 prägen faszinierend intensive Rottöne, starke Kontraste und Bogenformen. Es zählt zu den Meisterwerken der Abteilung »Italienische Malerei«.

### 5 Rembrandts *Kreuzabnahme*

Dramatische Lichteffekte charakterisieren Rembrandts Werk von 1633. Es ist das Gegenteil von idealisierten Christusdarstellungen der Zeit. Die Figur in blauer Kleidung ist ein Selbstbildnis.

### Hals' *Willem van Heythuysen* 6

Frans Hals' Bild (um 1625) des Garnhändlers aus Haarlem ist ein Highlight der holländischen Porträtkunst *(rechts)*.

## Infobox

Karte M1 – 2 ▪ Alte Pinakothek **(AP)**: Barer Straße 27, +49 89 23 80 52 16 ▪ Pinakothek der Moderne **(PdM)**: Barer Str. 40, +49 89 23 80 53 60 ▪ Museum Brandhorst: Türkenstraße 19, +49 89 238 05 22 86 ▪ U2: Theresienstraße, Tram 27, Bus 100 ▪ www.pinakothek.de

**AP:** Di, Mi 10 – 20.30, Do – So 10 – 18 Uhr (geschl. Mo, einige Feiertage) ▪ Eintritt: 7 € (ermäßigt 5 €); So 1 €

**PdM:** Do 10 – 20, Di, Mi & Fr – So 10 – 18 Uhr (geschl. Mo, einige Feiertage) ▪ Eintritt: 10 € (ermäßigt 7 €); So 1 €

**Museum Brandhorst:** Do 10 – 20, Di, Mi & Fr – So 10 – 18 Uhr (geschl. Mo, einige Feiertage) ▪ Eintritt: 7 € (ermäßigt 5 €); So 1 €

▪ Kombi-Tickets, Audio-Führer, private Führungen.

▪ AP, PdM und Museum Brandhorst haben Cafés (PdM mit Tischen im Freien). Alle drei Museen haben Shops.

### Kurzführer AP

Die Dauerausstellung bietet etwa 700 Werke in 19 Sälen und 47 Kabinetten. Die Sammlungen sind auf zwei Stockwerke verteilt. Das Erdgeschoss zeigt vor allem deutsche, französische und englische Malerei. Im Obergeschoss findet man altniederländische Malerei, italienische Renaissance und französische, flämische und holländische Malerei (17. Jh.). Etwas kleiner ist die spanische Sammlung.

# Pinakothek der Moderne

**① Sammlung Klassische Moderne**

Die Kunstsammlung umfasst den Zeitraum bis 1960 und präsentiert Kirchner, Nolde, Braque, Picasso, Klee, Beckmann u. a. Zudem sind Künstlergruppen und Stilrichtungen, etwa Surrealismus, zu sehen.

**② Surrealismus**

Die Surrealisten der Pinakothek der Moderne stammen aus der Wormland-Sammlung. Hier sind u. a. Max Ernsts *Hausengel* (1937) und Salvador Dalís *Das Rätsel der Begierde* (1929) zu nennen.

**③ Sammlung Kunst der Gegenwart**

Die Abteilung zeigt die Kunstszene ab 1960, u. a. Werke von Bacon, Beuys, Baselitz, Polke, Warhol, de Kooning, Flavin, Wall und Twombly.

**④ Installationen**

Hierzu zählen u. a. Joseph Beuys' *Das Ende des 20. Jahrhunderts* (1983) oder Anish Kapoors 14 Meter hohe Installation *Howl* (2020) in der Rotunde.

**⑤ Grafik-Sammlung**

Die Sammlung beherbergt um die 400 000 Blätter, darunter ungefähr 45 000 Zeichnungen und 350 000 Druckgrafiken. Der Fundus reicht von Altmeistern wie etwa Rembrandt und Michelangelo über Cézanne bis zu Werken von Baselitz oder Wols. Werke dieses umfangreichen Bestands sind jeweils in Wechselausstellungen zu sehen.

**⑥ Zeichnungen**

Hier kann man Raffaello Santis Rötelzeichnung *Merkur und Psyche* (1517/18) oder Franz Marcs Tuschezeichnung *Der Turm der blauen Pferde* (1912) entdecken.

**⑦ Architektur-Sammlung**

Etwa 500 000 Zeichnungen und Pläne, rund 100 000 Fotografien und um die 500 Modelle werden im Erdgeschoss der Pinakothek der Moderne jeweils in Wechselausstellungen präsentiert.

**⑧ Zeichnungen & Entwürfe**

Unter den Exponaten finden sich Zeichnungen und Entwürfe von Balthasar Neumann, Leo von Klenze oder Le Corbusier. Der Schwerpunkt liegt auf deutscher Architektur (18. – 21. Jh.).

**⑨ Design-Sammlung**

Moderne Gebrauchsgegenstände: Die Neue Sammlung – The Design Museum besitzt etwa 120 000 Objekte und ist die größte Design-Sammlung weltweit. Das Spektrum reicht von Thonet-Stühlen über Pop-Möbel bis zu »Aerodynamik«, »Computer Culture« oder dem modernen Schmuck der Danner-Sammlung.

**⑩ Design Vision**

Das zwei Stockwerke hohe Setzkasten-Regal enthält Objekte, die das Spektrum der Sammlung beleuchten: von visionären Ideen bis zu Alltagsgegenständen.

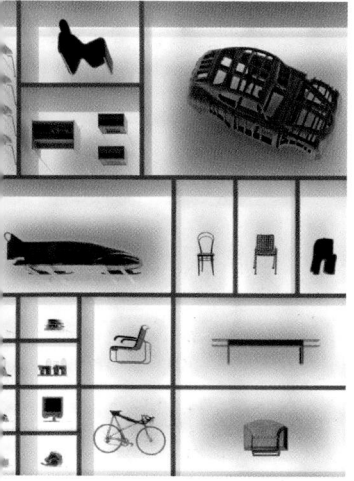

**Neue Sammlung – The Design Museum**

# Museum Brandhorst

*Lepanto* – ein Bilderzyklus von Cy Twombly im Museum Brandhorst

**1 Selbstporträt von Andy Warhol**

Das Museum hat mit über 100 Werken die europaweit größte Sammlung Andy Warhols. Sein *Selbstporträt* (1986) und andere seiner Bilder sind fast immer zu sehen.

Museum Brandhorst in der Dämmerung

**2 In This Terrible Moment von Damien Hirst**

Mehr als 27 000 Tabletten auf knapp 18 Quadratmetern: *In This Terrible Moment* (2002), eines der markantesten Werke von Damien Hirst, ist fester Bestandteil der Sammlung.

**3 Monuments for V. Tatlin von Dan Flavin**

Lichtkünstler Dan Flavin setzt Teile des Museums mit Leuchtstoffröhren in Szene. Ein Werk aus seiner berühmten Serie *Monuments for V. Tatlin* (1964–82) ist immer ausgestellt.

**4 Lepanto von Cy Twombly**

Der farbintensive Zyklus *Lepanto* (2011) des Malers Cy Twombly umfasst zwölf Gemälde. Sie thematisieren die berühmte Seeschlacht, die 1571 bei Lepanto stattfand.

**5 Amore von Jeff Koons**

Jeff Koons' *Amore* (1988) ist eine Porzellanskulptur mit »I Love You«-Sticker und Rokoko-Sockel.

**6 Liberté, Égalité, Fraternité von Sigmar Polke**

Das Museum zeigt viele Werke des deutschen Künstlers Sigmar Polke, darunter auch das Gemälde *Liberté, Égalité, Fraternité* (1988).

**7 The Black Dress von Alex Katz**

In *The Black Dress* (1960) stellt Katz mehrere sich ähnelnde Frauen mit identischen schwarzen Kleidern dar.

**8 Dialogue von Mike Kelley**

Mit seiner Plüschtierarbeit *Dialogue* (1991) setzt Mike Kelley den amerikanischen Traum in Szene.

**9 Kidnapped von Christopher Wool**

*Kidnapped* (1994) ist typisch für den Stil von Christopher Wool, einem großen Post-Pop-Art-Künstler, der viel mit Aluminiumtafeln arbeitet.

**10 Lilith von John Chamberlain**

Zu den auffälligsten Arbeiten John Chamberlains im Museum zählt die Metallfigurengruppe *Lilith* (1967/68).

# TOP 10 ★ Englischer Garten

Der Englische Garten, einer der weltweit größten innerstädtischen Parks, geht auf den Offizier Sir Benjamin Thomson (1753–1814) zurück, dem Kurfürst Karl Theodor den Titel Graf Rumford verlieh. Als bayrischer Kriegsminister ordnete Rumford an, das sumpfige Isarufer in einen Militärgarten umzuwandeln, als Sozialreformer favorisierte er hier einen Volkspark. Dieser wurde 1808 unter Hofgärtner Friedrich L. von Sckell angelegt. Heute ist er die grüne Lunge Münchens.

**1 Rumford-Denkmal**
Das Denkmal *(oben)* für Graf Rumford, der das Gelände von einem Militärgarten in einen Volksgraten umgewandelt hatte, schuf Franz Jakob Schwanthaler 1795/96.

**2 Monopteros**
Das klassizistische Rundtempelchen wurde im Jahr 1836 von Leo von Klenze auf einem künstlich aufgeschütteten Hügel errichtet. Im Sommer sieht man an diesem Wahrzeichen des Englischen Gartens Sonnenanbeter, im Winter haben kleine Rodler ihren Spaß. Von oben hat man einen schönen Blick über den südlichen Teil der Grünanlage und auf die Skyline der Münchner Innenstadt.

**3 Kleinhesseloher See**
Der fischreiche, knapp neun Hektar große See mit ein paar kleinen, bewaldeten Inseln liegt an der Grenze zum Nordteil des Englischen Gartens. Er ist zwar nicht zum Schwimmen geeignet, doch man kann hier ganz entspannt Ruder- oder Tretboot fahren. Beliebt ist der Biergarten des Seehauses *(siehe S. 23 & S. 64)*.

**4 Surfer am Eisbach**
Trotz des kalten Wassers zieht die konstante Eisbachwelle beim Haus der Kunst geübte Surfer magisch an, ihre Moves werden von Schaulustigen gefilmt. Zum Schwimmen ist es im Bereich der Welle zu gefährlich *(oben)*.

## ⑥ Chinesischer Turm

Der »Chinaturm« (links) ist ein Wahrzeichen. Der fünfstöckige hölzerne Pagodenbau im chinesischen Stil stammt von 1789/90. Er brannte mehrmals aus, wurde aber immer wieder aufgebaut. Der Biergarten ist im Sommer bestens besucht.

## ⑧ Historisches Karussell

Gleich neben dem Chinesischen Turm gibt es ein Kinderkarussell (1913) im Biedermeierstil mit Kutschen, Schlitten und fantasievollen Holztieren.

## ⑤ Friedrich-Ludwig-von-Sckell-Denkmal

Das Denkmal (1824) nach einem Entwurf von Klenze ehrt den Gestalter des Parks.

## ⑦ Japanisches Teehaus

Das Teehaus (1972) mit japanischem Garten steht am Südende des Parks auf einer künstlichen Insel im Schwabinger Bach. Japaner und Japan-Fans treffen sich hier zur traditionellen Teezeremonie. Im Juli findet um das Teehaus das Japanfest statt.

## ⑨ Orangerie

Die acht Meter hohe Orangerie, ein früheres Gewächshaus, dient als Ausstellungsort für Kunst.

## ⑩ Seehaus

Der Biergarten des Restaurants Seehaus liegt idyllisch – direkt am Kleinhesseloher See und teils unter Bäumen. Bei schönem Wetter hat der Biergarten auch außerhalb der Saison geöffnet.

---

**Infobox**

Karte GH1–4 ▪ U3/U6: Odeonsplatz – Münchner Freiheit, Bus 100: Haus der Kunst, Bus 54, 58, 68, 154: Chinesischer Turm, Tram 16: Tivolistraße

**Fakten:** 375 ha Fläche ▪ 78 km Wege (davon 12 km Reitwege) ▪ 15 km Bäche, über 100 Brücken & Stege ▪ 4 Gaststätten mit Biergarten ▪ 5 Millionen Besucher jährl.

**Chinesischer Turm:** Englischer Garten 3 ▪ +49 89 383 87 30 ▪ Restaurant ganzjährig, Biergarten Mai – Sep ▪ Blasmusik Mi – So ▪ Volkstanzveranstaltung: traditioneller Kocherlball (3. So im Juli ab 6 Uhr)

**Seehaus:** Kleinhesselohe 3 ▪ +49 89 381 61 30 ▪ Restaurant & Biergarten

**Japanisches Teehaus:** Königinstraße 4 ▪ +49 89 22 43 19

▪ Teezeremonie (Apr – Okt): Sa & So 14, 15, 16 & 17 Uhr)

**Orangerie:** Englischer Garten 1a ▪ nur bei Ausstellungen geöffnet

**Historisches Karussell:** Englischer Garten 4 ▪ Apr – Okt: tägl. ab 14 Uhr (Schulferien: ab 13 Uhr)

▪ **Tipp:** Man kann sich per Kutsche oder Rikscha durch den Park fahren lassen.

---

**Folgende Doppelseite** An einem Sommertag im Englischen Garten

# TOP 10 ⭐ Deutsches Museum

Das weltgrößte Technik- und Wissenschaftsmuseum wurde 1903 von Oskar von Miller gegründet, 1925 wurde der Bau auf der Museumsinsel eröffnet. Bis 2025 wird das Museum sukzessive renoviert. Es bleibt geöffnet, doch einzelne Abteilungen werden zeitweise geschlossen sein (Infos auf der Website). Zum Museum gehören das Verkehrszentrum und die Flugwerft Schleißheim *(siehe S. 29)*.

Planeten-weg

**4 Planetarium**
Im komplett renovierten Planetarium (Ebene 6) kann man den Himmel über München oder zur Zeit von Christi Geburt sehen. Es gibt mehrere 30-minütige Shows (Mo – Fr 14, Sa, So 12 & 14 Uhr).

**6 Bergwerk**
In der Abteilung »Bergbau« des Museums sind rund drei Viertel der Fläche als Anschauungsbergwerk *(siehe S. 28)* über drei Stockwerke ausgebaut – was eine realistische Atmosphäre vermittelt.

**5 Ewer *Maria***
Neben vielen Schiffsmodellen stehen in der riesigen Ausstellungshalle zur Schifffahrt mehrere originale historische Segel- und Dampfschiffe, z. B. der Dampfschlepper *Renzo* von 1932 und der hölzerne Ewer *Maria* von 1880 *(unten)*.

**1 Faraday'scher Käfig**
In der Abteilung »Energietechnik« gibt es eine Hochspannungsanlage *(oben)*, bei der Besucher hautnah elektrische Phänomene erleben. Beliebt sind Vorführungen des Faraday'schen Käfigs.

**2 Galileis Labor**
In der Abteilung »Physik« findet sich ein Nachbau des Labors von Galileo Galilei (1564 – 1642) mit verschiedenen Geräten des großen italienischen Astronomen und Physikers.

**3 »Enigma«-Maschine**
Frühzeit der Informatik: Die Chiffriermaschine »Enigma« stammt aus dem Zweiten Weltkrieg.

### ⑦ Kraftmaschinen

In der Abteilung gibt es Wasserräder, Dampfmaschinen, Motoren und Generatoren. Manche der Kolosse sind wahre Kunstwerke, z.B. die Alban-Hochdruck-Dampfmaschine (1839).

### ⑩ Pharmazie

Highlight der faszinierenden Abteilung ist die 350 000-fach vergrößerte, begehbare menschliche Zelle mit einem Zellwald davor *(unten)*. Hier gibt es auch eine Diashow über Gentechnik und über die Entwicklung und Produktion moderner Arzneimittel.

### ⑧ Mikroelektronik

Hier werden Originalobjekte der einstigen Abteilung »Telekommunikation« präsentiert, darunter das erste Telefon (1863), ein Röhrensender (1913) und ein Handvermittlungsplatz (1905). Einen weiteren Schwerpunkt bilden Mikrochips.

### ⑨ Musikinstrumente

Auf dem elektronischen Trautonium (1930) wurden Geräusche für Hitchcocks *Vögel* komponiert.

**Infobox**

Karte NP5 ■ Museumsinsel 1 ■ S1–S8: Isartor, Tram 16: Deutsches Museum ■ +49 89 21 79 333 ■ www.deutsches-museum.de ■ tägl. 9 –17 Uhr ■ 1. Jan, Karfreitag, 1. Mai, 1. Nov, 24., 25. & 31. Dez geschl. ■ Eintritt: 14 € (ermäßigt 4,50 € bzw. 8 €), Familienkarte 29 €, Planetarium 3 €

■ Abteilungsführungen: Angebot, Zeiten und Preise der Website entnehmen ■ ♿

**Verkehrszentrum:** Karte J4 ■ Am Bavariapark 5 ■ U4/5: Schwanthalerhöhe ■ +49 89 21 79 333 ■ Öffnungszeiten wie Museumsinsel ■ Eintritt: 7 € (ermäßigt 3 € bzw. 5 €) ■ Übersichtsführungen 11, 13.30 & 14 Uhr ■ ♿

**Flugwerft Schleißheim:** Effnerstraße 18, 85764 Oberschleißheim ■ S1: Oberschleißheim ■ +49 89 21 79 333 ■ Öffnungszeiten wie Museumsinsel ■ Eintritt: 7 € (ermäßigt 3 € bzw. 5 €) ■ Führungen: Angebot, Zeiten und Preise der Website entnehmen ■ ♿

■ Alle Museen haben Shops sowie Cafés.

# Deutsches Museum: Sammlungen

**① Physik & Astronomie**
Die Physikabteilung zeigt u. a. Mess- und Beobachtungsgeräte sowie das Foucault'sche Pendel. Die Astronomieabteilung vermittelt einen Eindruck von unserem Universum.

**② Pharmazie, Chemie & Zeitmessung**
Alte Handwerkskunst zeigt die Uhrenausstellung. Die Chemieabteilung besticht durch Experimente und einen Nachbau von Liebigs Labor. Die Entwicklung von Arzneimitteln kann in den Pharmazieräumen nachvollzogen werden.

**③ Bergbau, Metalle & Umwelt**
Das spektakuläre Bergwerk wird durch Ausstellungen über die 12 000 Jahre alte Geschichte der Metallverarbeitung ergänzt. Die Abteilung Umwelt widmet sich u. a. Abfall, Recyling und Klimawandel.

**④ Werkzeugmaschinen, Keramik & Glastechnik**
Papier- und Glasherstellung, Keramikproduktion vom Ziegelstein bis zum Geschirr sowie Werkzeuge vom steinzeitlichen Bohrer bis zu computergesteuerten Drehbänken werden hier gezeigt.

**⑤ Energie & Kraftmaschinen**
Hier kann man von Windmühlen bis zur Plasma- und Fusionstech-

Detail des Anschauungsbergwerks

nologie sehen, was dem Menschen das Leben leichter macht. Spektakulär: riesige Dampfmaschinen und Starkstromexperimente.

**⑥ Schifffahrt**
Schiffsmodelle illustrieren mehrere Tausend Jahre Seefahrt. Im Freigelände steht der Seenotrettungskreuzer *Theodor Heuss*.

**⑦ Historische Luftfahrt**
Die Anfänge der Luftfahrt (bis 1918) zeigen Ballons und Luftschiffe – bis hin zu den ersten Motorflügen.

**⑧ Maß & Gewicht**
Hier wird die Geschichte des Messens und Wiegens dokumentiert – von den frühesten Hochkulturen bis ins digitale Zeitalter.

**⑨ Kinderreich**
Kein Zutritt für Erwachsene ohne Kinder: Diese Abteilung mit interaktiven Exponaten ist für Forscher ab drei Jahren gedacht.

**⑩ Neue Technologien**
Das Zentrum Neue Technologien stellt jüngste Forschungsergebnisse verschiedener Disziplinen vor – von Klimaforschung über Nanotechnologie bis zur Medizintechnik.

Labor im Zentrum Neue Technologien

## Zweigmuseen

Die Außenstelle des Deutschen Museums für die Geschichte der Luftfahrt liegt auf dem historischen Fluggelände der Flugwerft Schleißheim *(siehe Infobox S. 27)*. Neben den alten Gebäuden und dem historischen Flugplatz sind hier auf einer 8000 Quadratmeter großen Fläche über 50 Flugzeuge, Hubschrauber, Hängegleiter sowie zahlreiche Gerätschaften ausgestellt. Zum Museum gehört auch ein Werftladen.

2003 wurde das Verkehrszentrum auf der Theresienhöhe *(siehe Infobox S. 27)* eröffnet. In drei denkmalgeschützten Hallen der alten Münchner Messe stehen nun historische Lokomotiven, Kraftfahrzeuge, Kutschen und Fahrräder. Mit dem Zweigmuseum hat das Deutsche Museum das weltweit größte Verkehrsmuseum geschaffen.

Weitere Filialen des Deutschen Museums befinden sich in Bonn (1995) und Nürnberg (2021).

**Highlights Flugwerft & Verkehrszentrum**

**1** Fokker D VII Jagdflugzeug (Erster Weltkrieg)

**2** Douglas DC-3 Verkehrsflugzeug, 1943

**3** Heinkel He 111, Bomber (Zweiter Weltkrieg)

**4** Lockheed F-104 Starfighter

**5** Dornier Do 31 Senkrechtstarter

**6** Puffing Billy (die erste Lokomotive der Welt)

**7** Drais'sches Laufrad

**8** Benz Motorwagen (das erste Auto der Welt)

**9** Rumpler Tropfenwagen (Stromlinienauto, 1921)

**10** NSU Delphin III (Motorrad von 1956)

Straßenszenario im Verkehrszentrum

Blick in die Flugwerft Schleißheim

# TOP 10 ★ Schloss Nymphenburg

Nach der Geburt ihres Sohns Max Emanuel beauftragten Kurfürst Ferdinand Maria und Henriette Adelaide von Savoyen 1664 Agostino Barelli mit dem Bau einer Sommerresidenz westlich von München. Ab 1701 kamen die Seitenflügel und weitere Bauten hinzu. Über 300 Jahre entstand eine Anlage mit Barockgärten, Kanalsystem und im Park »verstreuten« Schlösschen. Der Schlosspark lädt zum Spazieren ein.

**1 Schloss**
Der schlichten Villa von 1664 folgten unter den Kurfürsten Max Emanuel und Karl Albrecht Erweiterungen von Enrico Zuccalli und Joseph Effner. Die verbindenden Arkadengebäude machen die Anlage harmonisch *(rechts)*.

**2 Schönheitsgalerie**
Die von Ludwig I. bei Joseph Stieler in Auftrag gegebene Galerie im ersten Stock des südlichen Pavillons ist ganz in Weiß und Gold gehalten. Die Schönheitsgalerie birgt Porträts von Frauen verschiedener Gesellschaftsschichten, darunter auch adlige Damen, Bürgerinnen und Tänzerinnen. Die Abbildung zeigt die Tänzerin Lola Montez (1818–1861), die Mätresse von König Ludwig I. *(oben; siehe S. 40f)*.

**3 Steinerner Saal**
Die Prunkhalle erhielt ihre Rokoko-Dekoration von Johann B. Zimmermann und Cuvilliés d. Ä. zur Zeit von Kurfürst Max III. Joseph. Das Deckengemälde stellt den Götterhimmel dar.

**4 Lackkabinett**
Schwarze Lackarbeiten verzieren die Holztäfelung. Ihre Motive werden in der Rokoko-Deckenbemalung wieder aufgenommen. Ein schöner Blickfang ist der chinesische Paravent.

**5 Monopteros**
1804–23 schuf Friedrich L. von Sckell hinter dem Schloss einen Landschaftspark. Aus dieser Zeit stammt der Monopteros (Apollotempel) am künstlich angelegten Badenburger See *(oben)*.

**6 Marstallmuseum**
In dem 1740 errichteten Stallgebäude waren im Sommer die Reitpferde der Wittelsbacher untergebracht. An seiner Stelle wurde 1950 das Marstallmuseum eröffnet. Ausgestellt sind mehr als 40 prachtvolle Kutschen sowie Schlitten und Reitzubehör des Adels. Damit dokumentiert das Museum drei Jahrhunderte Wagenbaukunst. Zu den Highlights gehört die vergoldete Prunkkutsche von Ludwig II.

**7** **Schlosspark**
Der symmetrische französische Garten hinter dem Schloss geht in einen englischen Landschaftspark über, der aus dem vorhandenen Wald geformt wurde. Hier stehen die Parkburgen.

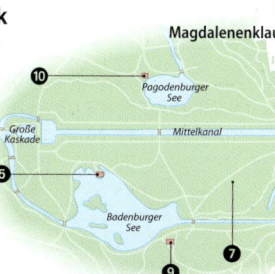
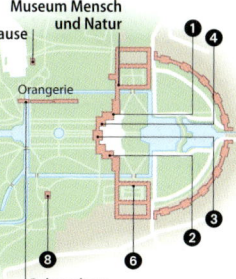

Museum Mensch und Natur

Magdalenenklause

Pagodenburger See

Orangerie

Große Kaskade

Mittelkanal

Badenburger See

Palmenhaus

**9** **Badenburg**
Sehenswert sind der Festsaal und der zweistöckige Baderaum – schon damals mit beheizbarem Becken. Drei Räume zieren fein gearbeitete chinesische Papiertapeten.

**10** **Pagodenburg**
In dem Pavillon (18. Jh.) mit oktogonalem Grundriss mischen sich westliche und östliche Dekorationselemente und Raumkunstwerke.

**8** **Amalienburg**
Das 1734–39 von Cuvilliés d. Ä. für die Kurfürstin Amalia erbaute Jagdschlösschen *(rechts)* ist ein Paradebeispiel für das europäische Rokoko.

**Infobox**

Karte AB2–3 ▪ Tram 17: Schloss Nymphenburg ▪ +49 89 17 90 80 ▪ www.schloss-nymphenburg.de
**Schloss, Marstallmuseum & Museum »Nymphenburger Porzellan«:** Apr–Mitte Okt: tägl. 9–18 Uhr; Mitte Okt–März: tägl. 10–16 Uhr ▪ 1. Jan, Faschingsdienstag, 24., 25. & 31. Dez geschl. ▪ Eintritt: Schloss 8 € (ermäßigt 7 €); Museen 6 € (ermäßigt 5 €)

▪ keine regelmäßigen Führungen, angeboten werden nur verschiedene Themenführungen, (siehe Website); Audio-Führer gegen Gebühr ▪ ♿
**Park:** Jan–März, Nov & Dez: tägl. 6–18 Uhr; Mai–Sep: tägl. 6–21.30 Uhr; Apr & Okt: tägl. 6–20 Uhr
**Parkburgen:** Apr–Mitte Okt: tägl. 9–18 Uhr ▪ Eintritt: 5 € (ermäßigt 4 €) ▪ ♿ Amalienburg & Pagodenburg

**Museum Mensch und Natur:** Seitenflügel von Schloss Nymphenburg *(siehe S.127).*

▪ Kinder und Jugendliche unter 18 Jahren haben immer freien Eintritt.

▪ Das Schlosscafé im Palmenhaus (in der Orangerie des Schlossparks) eignet sich für eine Pause (Di–So; +49 89 17 53 09).

▪ Gondelfahrten (www.gondel-nymphenburg.de)

# TOP10 ⭐ Olympiapark

1966–72 entstand auf dem Oberwiesenfeld der Olympiapark – eine knapp drei Quadratkilometer große Anlage mit Hügeln, künstlichem See, Fernsehturm und Sportstätten. Das Ensemble ist das Werk der Architekten Behnisch & Partner. Das transparente, geschwungene Zeltdach gilt als architektonische Meisterleistung. Seit 1998 steht das Areal unter Denkmalschutz, jüngster Höhepunkt waren die European Championships Munich 2022.

**1 BMW Welt**
Das futuristische Auslieferungszentrum von BMW *(unten)* mit Ausstellungen, Gastronomie, Läden und Events vermittelt Dynamik und Eleganz *(siehe S. 129)*.

**4 Olympia-Eissportzentrum**
In der Eissporthalle kann man bei Musik Eislaufen oder Eistanz üben. Die Schlittschuhe können ausgeliehen werden.

**2 Väterchen Timofejs Kapelle**
Die russischen Exilanten Timofej und Natascha bauten auf dem Gelände illegal eine russisch-orthodoxe Kapelle – sie steht immer noch.

**5 Kino am Olympiasee**
Entspannte Sommernächte: Von Mai bis September gibt es beim See Open-Air-Kino *(unten)* mit Bewirtung.

**6 Olympiaturm**
Der 290 Meter hohe Olympiaturm ist weithin sichtbar. Mit einem Schnellaufzug gelangt man zu Aussichtsplattform und Drehrestaurant. Von oben hat man eine fantastische Sicht auf das Gelände, auf die Stadt und – bei Föhn – sogar auf die Alpen. Das Drehrestaurant auf 181 Meter dreht sich einmal in 53 Minuten um 360 Grad.

**3 Olympiahalle**
Die Halle bietet 15 500 Zuschauern Platz. Über ihr liegt ein Großteil des Zeltdachs – »aufgehängt« an 58 Pylonen. In der Halle finden neben Sport-Events auch Konzerte oder Messen statt.

### SEA LIFE ⑧
Hier leben Meeresbewohner *(rechts)*, u. a. Seepferdchen und Rochen. Es gibt Fühlbecken und einen Hai-Glastunnel *(siehe S. 51)*.

### ⑨ See & Park
Die Hügel des Geländes – aufgehäufter Kriegsschutt – wurden begrünt. Hinzu kamen Alleen und ein künstlicher See. Der Olympiaberg ist 60 Meter hoch.

### ⑩ Olympiastadion
Das Olympiastadion fasst 69 250 Zuschauer und wird für Konzerte und Events genutzt.

### Olympia-Schwimmhalle ⑦
Die Schwimmhalle *(rechts)* gehört zu den größten Europas. Es gibt fünf Becken und eine 10-Meter-Sprunganlage, das Sauna-Paradies, Liegewiesen, Fitness-Center sowie Wellness-Angebote.

### Infobox

Karte DE1–2 ▪ Spiridon-Louis-Ring 21 ▪ U3: Olympiazentrum ▪ +49 89 306 70 ▪ www.olympiapark.de

**Olympiastadion:** tägl. ▪ 24. & 31. Dez geschl. ▪ Eintritt (ohne Führung): 3,50 € (ermäßigt 2,50 €); Familienkarte 8,50 € ▪ Stadiontour 8 € (ermäßigt 6 €)

**Olympiaturm:** tägl. 9–22 Uhr ▪ Eintritt: 11 € (ermä-ßigt 7 €); Familienkarte 23 €; Kinder unter 6 Jahren & Geburtstagskinder frei

**Olympia-Schwimmhalle:** tägl. 7–23 Uhr (Sauna 8–23 Uhr) ▪ Eintritt (Infos unter +49 89 23 61 50 50)

Es gibt Zeltdach-Touren aufs Olympiastadion: nur mit Seil und Karabiner zur Sicherung, aber auch mit Abseilen sowie mit Flying Fox. Die Preise liegen zwischen 43 und 78 Euro (+49 89 30 67 24 14 oder -15; www.touren-olympiapark.de)

▪ Mit der Parkeisenbahn (tägl. 10–18) fährt man in 20 Minuten durch den Olympiapark (+49 89 30 67 24 14 oder -15).

▪ Im Amphitheater Theatron (5000 Zuschauer) finden an Pfingsten und im August Festivals mit kostenlosen Konzerten statt *(siehe S. 74f)*.

# TOP 10 ★ Oktoberfest

Rund sechs Millionen Besucher, sieben Millionen Maß Bier, über 500 000 Brathendl und 100 Ochsen – das Münchner Oktoberfest ist das größte Volksfest der Welt. Auf der Theresienwiese (daher der Name »Wiesn«) zu Füßen der Bavaria stehen die Festzelte der Traditionsbrauereien, dazwischen breiten sich Fahrgeschäfte und Schaustellerbetriebe, Herzen-, Hendl- und Brezn-Verkäufer aus. Einheimische und Besucher, in Tracht oder ohne, geben sich dem bayrischen »Nationalrausch« hin.

**1 »O'zapft is!«**
Am ersten Wiesn-Samstag – der immer im September liegt – zapft der Oberbürgermeister der Stadt München um 12 Uhr das erste Fass im Schottenhamel-Zelt an und verkündet: »O'zapft is!« Danach fließt das Bier in Strömen. Diese traditionelle Zeremonie wird live im Fernsehen und auf Internet-Kanälen übertragen.

**2 Bavaria**
Auf der Theresienhöhe steht die 68 Meter breite Ruhmeshalle (1843–53) mit Büsten bedeutender Bayern. Davor ragt die Bavaria (18 m) auf, weibliche Symbolgestalt und Schutzpatronin Bayerns. Vom Kopf der monumentalen Bronzefigur hat man einen grandiosen Blick auf die Szenerie.

**3 Weißbierkarussell**
Sie ist die größte mobile Karussell-Bar der Welt – Zutritt nur für Erwachsene (unten).

**4 Bierzelte**
In den 17 großen Bierzelten, etwa dem Löwenbräu (oben), spielt die Blasmusik. Mit steigendem Alkoholkonsum geht es an den Tischen hoch her, die Schunkellaune steigt. Viele Gäste steigen auf die Bierbänke, für einige ist »Kampftrinken« angesagt.

**5 Umzüge**
Am ersten Wiesn-Sonntag ziehen Trachtengruppen und Schützenvereine in einem langen Zug (ca. 7 km) durch die Innenstadt.

### 8 Einzug der Wiesn-Wirte

Den Auftakt zur Wiesn bildet der festliche Einzug der Wiesn-Wirte (Sa). Herausgeputzte Brauereipferde ziehen die feierlich mit Blumengebinden geschmückten Festwagen, Musikkapellen begleiten den Zug. Von Tribünen hat man die beste Sicht *(links)*.

### 7 Denkmal

Am 26. September 1980 explodierte eine Bombe. 13 Menschen starben, über 200 wurden verletzt. Eine Stele am Ort der Explosion erinnert an das Attentat eines Neonazis.

### 9 Traditionelles

Im Schichtl (seit 1871 betrieben) wird u. a. die »Enthauptung einer lebenden Person auf hell erleuchteter Bühne mittels Guillotine« geboten. Ein weiterer Oldtimer ist das Teufelsrad, das sich immer schneller dreht – wer am längsten drauf bleibt, gewinnt. Nostalgischen Fahrspaß wie in den 1920er Jahren begleitet von Blasmusik bietet die Krinoline.

### 10 Herzen

Süßes Mitbringsel: Auf der Wiesn gibt es jedes Jahr alte und neue Sprüche auf den Lebkuchenherzen *(links)*.

### 6 Fahrgeschäfte

Gemütliches wie Krinoline und Riesenrad oder Spektakuläres wie SkyFall *(unten)* und Olympia Looping – für jeden ist etwas dabei, für Kinder ebenso wie für Adrenalin-Junkies.

**Infobox**

Karte JK4 – 5 ■ U4/5: Theresienwiese, U3/6: Goetheplatz oder Poccistraße ■ meist 16 Tage bis zum ersten Sonntag im Oktober ■ www.oktoberfest.de

**Bierzelte:** Mo – Fr 10 – 23.30 Uhr (Sa & So ab 9 Uhr; Käfer Wiesen-Schänke und Kufflers Weinzelt bis 1 Uhr)

**Fahrgeschäfte:** So – Do 10 – 23.30 Uhr (Fr & Sa bis 24 Uhr)

**Verkaufsstände:** So – Do 10 – 23.30 Uhr (Fr & Sa bis 24 Uhr)

**Familientage:** reduzierte Preise immer Di 12 – 19 Uhr

■ Auf dem Oktoberfest gibt es ein Servicezentrum mit Polizei, Sanitätsstation, Fundbüro und Kinderfundstelle – des Weiteren Gepäckaufbewahrung, Geldautomat und sogar eine Wiesn-Post.

■ Seit 2010 findet zeitgleich alle zwei Jahre die **Oide Wiesn** mit historischem Festzelt und Buden auf dem südlichen Teil der Theresienwiese statt.

■ Das Sicherheitskonzept der Wiesn wird in jedem Jahr der aktuellen Lage angepasst, um das Oktoberfest sicherer zu machen.

# TOP10 ★ Neuschwanstein

Außen die Apotheose einer Ritterburg, innen eine Huldigung an Wagner-Opern – Neuschwanstein war das ehrgeizigste Schlossprojekt von Ludwig II. Nahezu zeitgleich ließ er die eher »französischen« Schlösser Linderhof und Herrenchiemsee errichten. Gut anderthalb Millionen Besucher kommen pro Jahr ins Märchenschloss des menschenscheuen Regenten. Es herrscht Hochbetrieb – doch dieser Tagesausflug von München Richtung Füssen ins Schwangau ist ein Muss.

**Thronsaal** ①
Gold, Heiligenfiguren und ein Hauch von Byzanz – der Thronsaal *(rechts)* ist von der Münchner Allerheiligen-Hofkirche und der Hagia Sophia inspiriert. Der Prunksaal erstreckt sich über das dritte und vierte Obergeschoss. Der Thron sollte ursprünglich – altargleich – in der Apsis stehen.

② **Schlafzimmer**
Im Gegensatz zur Romanik der Wohnräume ist das Schlafgemach im gotischen Stil mit üppigen Eichenholzschnitzereien gestaltet. Die Wandbilder stellen Szenen aus *Tristan und Isolde* dar.

③ **Grotte**
Zwischen Wohn- und Arbeitszimmer liegt dieser »Grottenraum« *(links)*, in dem zu Lebzeiten des Königs ein kleiner Wasserfall plätscherte. Die größere Venusgrotte mit einem künstlichen See befindet sich im Park von Schloss Linderhof *(siehe S. 134)*.

④ **Speisezimmer**
Mit einem Aufzug kamen die Speisen von der drei Etagen tiefer liegenden Küche ins Speisezimmer, in dem der menschenscheue König meist ganz allein speiste. Die Wandbilder des in Rottönen gehaltenen Raums thematisieren den Minnesang.

### 9 Baugeschichte
1869 war Grundsteinlegung, 1873 war der Torbau, 1884 der Palas fertiggestellt. Der König änderte oft die Pläne, doch bis zu seinem Tod wurde weitergebaut. Bergfried und »Ritterbad« blieben unvollendet (*links*).

### 5 Wintergarten
Von der Grotte gelangt man in den Wintergarten. Durch die großen Fenster blickt man auf das Allgäu.

### 6 Hohenschwangau
In dem Schloss (*unten*) in wildromantischer Landschaft verbrachte Ludwig einen Teil seiner Kindheit und Jugend.

### 7 Sängersaal
Der größte Saal Neuschwansteins ist vom Festsaal der Wartburg bei Eisenach beeinflusst. Die Gemälde bebildern die Parzival-Sage (*unten*).

### 8 Hauskapelle
Altar und Wandbilder zeigen Ludwig IX., den heiliggesprochenen König von Frankreich und Namenspatron des Märchenkönigs.

### 10 Arbeitszimmer
Im Arbeitszimmer ist man von Tannhäuser-Bildern umgeben. Auf dem Schreibtisch steht eine Schreibgarnitur, die Lohengrin zeigt.

**Infobox**
Schwangau bei Füssen
■ +49 8362 93 08 30
■ www.neuschwanstein.de
■ Tickets (mit Tournummer und genauer Einlasszeit) im Ticket-Center Hohenschwangau unterhalb des Schlosses oder online
■ Besuch nur in Form einer 30-minütigen Führung (Sonderführungen für Rollstuhlfahrer nach Voranmeldung; Familienführungen in den Ferien sowie an Wochenenden & Feiertagen)

**Ticket-Center:** Apr–Mitte Okt: tägl. 8–16 Uhr; Mitte Okt–März: tägl. 9–15 Uhr

**Schloss:** Apr–Mitte Okt: tägl. 9–18 Uhr; Mitte Okt–März: tägl. 10–16 Uhr
■ 1. Jan, 24., 25. & 31. Dez geschl.
■ Eintritt Neuschwanstein: 15 € (ermäßigt 14 €), unter 18 Jahren frei; Eintritt Hohenschwangau: 21 € (Kinder ab 7 Jahren 18 €). Evtl. Änderungen bitte der Website entnehmen

■ Der Weg vom Ticket-Center zum Schloss dauert ca. 30–40 Minuten (1,5 km). Es gibt auch Pferdekutschen sowie einen Pendelbus (nur bis zur Marienbrücke). Achtung: Wer zu spät zu seiner Führung kommt, kann nicht mehr teilnehmen.

■ Im einstigen Grandhotel Alpenrose in Hohenschwangau zeigt das **Museum der bayerischen Könige** (Alpseestr. 27, +49 8362 88 72 50) Exponate zur Geschichte der Wittelsbacher.

# Themen

Museum Brandhorst – mit einer Fassade
aus 36 000 Keramikstäben in 23 Farben

# 🔟 Historische Ereignisse

### 1 1158: Stadtgründung

Der Welfe Heinrich der Löwe, Herzog von Bayern, zerstörte 1157/58 die alte Salzbrücke und ließ einige Kilometer südlich eine neue Isarüberquerung errichten. Dort entwickelte sich aus dem kleinen Marktflecken »Munichen« die spätere Residenzstadt München. Der Tag, an dem der Stauferkaiser Friedrich I. Barbarossa das Markt- und Münzrecht bestätigte (14. Juni 1158), wird als Stadtgeburtstag gefeiert.

Ludwig der Bayer (1967) von Hans Wimmer beim Alten Hof

schlösser. Nach dem Ersten Weltkrieg musste Ludwig III., der letzte Wittelsbacher, aus Bayern flüchten.

### 3 1328: Ludwig der Bayer – deutscher Kaiser

1314 wurde Herzog Ludwig IV. (der Bayer) zum deutschen König gewählt, 1328 wurde er Kaiser des Heiligen Römischen Reichs.

### 4 1442: Vertreibung der Juden

Schon im 13. und 14. Jahrhundert war es zu Judenpogromen gekommen, 1442 ließ Herzog Albrecht III. alle Juden aus Oberbayern vertreiben. Erst im 18. Jahrhundert gab es wieder jüdisches Leben in München.

### 5 1806: Hauptstadt des Königreichs Bayern

Durch die napoleonische Umgestaltung Europas wurde das Kurfürstentum Bayern Königreich – und München Haupt- und Residenzstadt. Bayern hatte schon damals in etwa seine heutigen Ausmaße.

### 6 1848: Märzrevolution – Abdankung Ludwigs I.

1848 kam es auch in München zu Aufständen, die in der Erstürmung des Zeughauses (heute Stadtmuseum) gipfelten. Ludwig I. musste abdanken. Er hatte das Vertrauen des Adels und des städtischen Bürgertums verloren (auch durch seine Affäre mit der Tänzerin Lola Montez).

### 7 1918/19: Novemberrevolution & Räterepublik

In der Nacht zum 8. November 1918 rief der Sozialist Kurt Eisner im Mathäserbräu den »Freistaat Bayern« aus und wurde für kurze Zeit Ministerpräsident. Nach Eisners Ermordung am 21. Februar 1919 durch einen rechtsextremen Monarchisten

Heinrich der Löwe, Herzog von Bayern

### 2 1240–1918: Dynastie der Wittelsbacher

Die Wittelsbacher gehören zu den ältesten deutschen Adelsgeschlechtern. Nach Absetzung Heinrichs des Löwen erhielt Otto I. das Herzogtum Bayern (1180). Ab 1240 bestimmten die Wittelsbacher maßgeblich die Geschicke Münchens. Aus einfachen Herzögen wurden sie zu Kurfürsten und schließlich zu Königen. Ludwig I. ließ in München klassizistische Prachtbauten errichten, Ludwig II. baute überdimensionierte Märchen-

kam es in München und anderen bayrischen Städten zur Errichtung von Räterepubliken, die jedoch bald von Regierungstruppen niedergeschlagen wurden.

*Nach der Ermordung Eisners, Bachrach-Barée*

**⑧ 1935–45: »Hauptstadt der Bewegung«**

Die NSDAP entstand aus einer kleinen Münchner Keimzelle. 1923 versuchte Hitler von hier aus einen ersten Staatsstreich (»Hitlerputsch«). Später erhielt München nach Machtübernahme der Nazis den Titel »Hauptstadt der Bewegung« (1935).

**⑨ 1962: Schwabinger Krawalle**

Harmlose Straßenmusiker lösten im Sommer 1962 eine mehrtägige Massenschlägerei zwischen jungen Leuten und der Münchner Polizei aus.

**⑩ 1972: Olympische Spiele**

In und um München fanden 1972 die XX. Olympischen Sommerspiele statt. Überschattet wurden sie von einem Terroranschlag.

**Olympiastadion**

---

**Berühmte Münchner und Münchnerinnen**

**1 Asam-Brüder**
Cosmas Damian (1687–1739) und Egid Quirin (1692–1750) Asam waren die Hauptvertreter des bayrischen Rokoko.

**2 Maximilian Joseph von Montgelas**
Montgelas (1759–1838) gilt als eigentlicher Schöpfer des modernen bayrischen Staats.

**Egid Quirin Asam (1692–1750)**

**3 Ludwig I.**
Unter König Ludwig I. (1786–1868) entstanden in München zahlreiche Prachtbauten, u. a. entlang der Ludwigstraße. 1826 holte er die Universität von Landshut nach München.

**4 Lola Montez**
Die irische Tänzerin Lola Montez (1818–1861) war die Mätresse Ludwigs I. und beeinflusste ihn.

**5 Ludwig II.**
»Kini« Ludwig II. (1845–1886) ging als »Märchenkönig« in die Geschichte ein. Sein Tod im Starnberger See ist nach wie vor rätselhaft.

**6 Franz von Lenbach**
Der »Malerfürst« (1836–1904) war für seine Porträts bekannt. Er hatte großen Einfluss auf die Münchner Kunstszene.

**7 Franz von Stuck**
Stuck (1863–1928) war Mitbegründer der »Münchner Secession«. Seine Jugendstil-Villa ist heute ein Museum.

**8 Thomas Mann**
Der Literaturnobelpreisträger (1875–1955) emigrierte 1933. Er kehrte nicht mehr nach München zurück.

**9 Karl Valentin**
Der für seinen »Sprach-Anarchismus« bekannte Valentin (1882–1948) war Kabarettist, Schauspieler und Münchner Original. Er trat lange Zeit mit seiner Partnerin Liesl Karlstadt auf.

**10 Geschwister Scholl**
Hans (1918–1943) und Sophie (1921–1943) Scholl waren in der Widerstandsgruppe »Weiße Rose« aktiv. Sie wurden 1943 denunziert und hingerichtet.

# TOP10 Museen & Sammlungen

Pinakothek der Moderne, ein Entwurf des Architekten Stephan Braunfels

**1 Pinakotheken**
Alte Pinakothek, Neue Pinakothek (bis mindestens 2025 geschlossen) und Pinakothek der Moderne beherbergen die großen Gemäldesammlungen der Stadt (siehe S. 18–21). Außerdem lohnt sich ein Besuch des Museum Brandhorst (siehe S. 21) ganz in der Nähe.

**2 Deutsches Museum**
Das 1925 eröffnete Museum ist das größte Wissenschafts- und Technikmuseum der Welt (siehe S. 26–29).

**3 Bayerisches National-museum**
Das Nationalmuseum mit seinen überragenden kunst- und kulturhistorischen Sammlungen ist eines der größten europäischen Museen seiner Art. Die Exponate reichen von gotischen Skulpturen über kostbare Wandteppiche bis zu Uhren. Die volkskundliche Abteilung besitzt eine berühmte Krippensammlung (siehe S. 105).

Byzantinische Kunst, Bayerisches Nationalmuseum

**4 Münchner Stadtmuseum**
Das Museum (siehe S. 80) im einstigen Zeughaus und Marstall sowie weiteren Gebäuden präsentiert die Stadt- und Kulturgeschichte. Die Dauerausstellung gliedert sich in: Puppentheater/Schaustellerei, Musik, Nationalsozialismus in München, Migration bewegt die Stadt und Typisch München!
Das Filmmuseum des Münchner Stadtmuseums genießt wegen der Rekonstruktion von Stummfilmen internationales Renommee (siehe S. 54).

**5 Glyptothek & Staatliche Antikensammlungen**
In der Glyptothek verbirgt sich eine exquisite Sammlung griechischer und römischer Skulpturen und Reliefs, darunter auch die 2500 Jahre alten Ägineten (Giebelfiguren des Tempels von Ägina), deren einstige Farbigkeit rekonstruiert wurde.
Die Antikensammlungen stellen antiken Schmuck, Bronzen und griechische Keramik aus (siehe S. 97).

**6 Städtische Galerie im Lenbachhaus**

Das Lenbachhaus – die Villa des Malerfürsten Franz von Lenbach – genießt aufgrund der »Blauer Reiter«-Sammlung Weltruhm. Der unterirdische Kunstbau gehört schon seit 1994 zum Museum *(siehe S. 97)*.

**7 Jüdisches Museum München**

Die Dauerausstellung des Museums (2007) zeigt jüdische Kultur und Geschichte Münchens. Hinzu kommen Sonderausstellungen *(siehe S. 80)*.

**8 Museum Villa Stuck**

Die Jugendstil-Villa des Secessionisten Franz von Stuck (1863–1928) ist originalgetreu erhalten. Es gibt eine ständige Jugendstil-Ausstellung in den Wohnräumen mit Gemälden des Meisters und Sonderausstellungen *(siehe S. 111)*.

**9 Haus der Kunst**

Der Repräsentationsbau Adolf Hitlers (1932–37) ist heute ein Ort für internationale Kunstausstellungen *(siehe S. 104f)*.

**10 BMW Museum**

Das Museum präsentiert die technische Entwicklung der Modelle des Autoherstellers über mehr als 100 Jahre *(siehe S. 128)*. Ein Besuch der BMW Welt *(siehe S. 129)* gegenüber ist eine sehr gute Ergänzung.

BMW Museum *(rechts)* und BMW Welt

**Weitere Museen**

Ausstellungssaal, Sammlung Schack

**1 Sammlung Schack**
Die Sammlung zeigt Meisterwerke der deutschen Malerei (19. Jh.), u. a. von Böcklin, Spitzweg, Schwind *(siehe S. 105)*.

**2 Staatliches Museum Ägyptischer Kunst**
Das Museum zeigt Kunstwerke aus dem Land der Pyramiden *(siehe S. 98)*.

**3 Deutsches Theatermuseum**
Das Museum in den Hofgartenarkaden veranschaulicht die Geschichte des deutschsprachigen Theaters *(siehe S. 92)*.

**4 Paläontologisches Museum**
Hier warten Dinos & Co. – eines der Highlights des Museums ist der Urvogel *Archaeopteryx bavarica (siehe S. 100)*.

**5 Valentin Karlstadt Musäum**
Im Turm des Isartors gibt es Kuriositäten rund um Karl Valentin und seine kongeniale Partnerin Liesl Karlstadt. Ein Muss: das Café *(siehe S. 82)*.

**6 Archäologische Staatssammlung**
Das Museum präsentiert prähistorische, römische und mittelalterliche Exponate *(siehe S. 106)*.

**7 Alpines Museum**
»Der Berg ruft« – hier gibt es alpine Exponate sowie eine Schausammlung im Garten *(siehe S. 112)*.

**8 Museum Fünf Kontinente**
Das Museum präsentiert seit 1926 Kulturgeschiche – vom ältesten Kajak Nordamerikas bis zum Nachbau eines Shiva-Tempels *(siehe S. 113)*.

**9 Kunsthalle der Hypo-Kulturstiftung**
Die Kunsthalle veranstaltet exzellente Ausstellungen *(siehe S. 91)*.

**10 Lothringer 13 Halle**
Karte Q5 ▪ Lothringer Straße 13
In der früheren Maschinenhalle wird aktuelle (Medien-)Kunst gezeigt.

# TOP 10 Gotteshäuser

Chorfiguren von Erasmus Grasser, Frauenkirche

**(1) Frauenkirche**
Der Münchner Dom (15. Jh.) prägt mit seinen Zwillingstürmen das Stadtbild *(siehe S. 14f)*.

**(2) Asamkirche**
Eigentlich heißt die Kirche der Asam-Brüder St. Johann Nepomuk. Der opulent ausgestattete spätbarocke Bau (1733–46) zeigt den Heiligen etwa in den Malereien des Deckenfreskos. Die Brüder entwarfen, finanzierten und bauten die Kirche gemeinsam. Das zwischen Häusern eingezwängte Gotteshaus scheint aus einem künstlichen Felsen hochzuwachsen *(siehe S. 81)*.

**(3) Peterskirche**
Die älteste Pfarrkirche (13. Jh.) der Stadt, auch liebevoll »Alter Peter« genannt, ist volkstümlich. Im Innern finden sich Gotik (Schrenk-Altar), Barock (Taufstein) und Rokoko (Seitenaltäre). Auf den Renaissance-Turm mit Blick über die Altstadt führen 302 Stufen *(siehe S. 79f)*.

**(4) Ludwigskirche**
Friedrich von Gärtner erbaute die von zwei Spitztürmen flankierte Kirche im Stil der italienischen Romanik (1829–43). Sehenswert im Inneren: das Fresko *Jüngstes Gericht* von Peter von Cornelius, das zweitgrößte Kirchenfresko der Welt *(siehe S. 103)*.

**(5) Michaelskirche**
Karte M3 ▪ Neuhauser Straße 6
▪ Mo – Sa 7.30 –19, So 10 – 22 Uhr
▪ www.st-michael-muenchen.de
St. Michael liegt mitten in der Fußgängerzone. Das größte Gotteshaus der Spätrenaissance nördlich der Alpen (1583 – 97) mit dem zweitgrößten Tonnengewölbe der Welt (nach demjenigen des Petersdoms in Rom) wurde für den Jesuitenorden erbaut. In der Fürstengruft finden sich die Sarkophage von Kurfürst Maximilian I. und Ludwig II. Die Bronzefigur des Erzengels Michael im Kampf mit dem Drachen (1585) an der Ostfassade ist sehenswert.

Peterskirche

**6 Theatinerkirche**

Mit leuchtend gelber Fassade und einem rein in Weiß gehaltenen Innenraum erhebt sich die Theatinerkirche am Odeonsplatz. St. Kajetan, wie sie auch heißt, entstand ab 1663 anlässlich der Geburt des ersehnten Thronfolgers von Kurfürst Ferdinand. Sie ist die »italienischste« aller Münchner Kirchen *(siehe S. 91)*.

Fassadendetail, Klosterkirche St. Anna

**7 Klosterkirche & Pfarrkirche St. Anna**

Karte P3 ▪ St.-Anna-Straße 19 bzw. Sankt-Anna-Platz 5 ▪ tägl. 6–19 bzw. 8–18 Uhr ▪ erzbistum-muenchen.de/pfarrei/st-anna-muenchen

Die erste Rokoko-Kirche Münchens wurde 1727–33 von Johann Michael Fischer im Stadtteil Lehel errichtet. Sie war die Kirche des dort gegründeten Hieronymitenklosters, das später von den Franziskanern übernommen wurde. Die Innengestaltung stammt hauptsächlich von den Asam-Brüdern. Gegenüber entstand 1887–92 die Pfarrkirche St. Anna in neoromanischer Bauweise.

**8 Heilig-Geist-Kirche**

Karte N4 ▪ Tal 77 ▪ Zeiten der Website entnehmen ▪ www.heilig-geist-muenchen.de

Das Gotteshaus beim Viktualienmarkt zählt zu den ältesten Kirchen Münchens. Schon im 13. Jahrhundert gab es hier eine Hospitalkirche, 1392 entstand ein gotischer Hallenbau, der ab 1724 barockisiert wurde. Der Innenraum zeigt eine Mischung aus Gotik und Spätbarock. Die Stuckarbeiten stammen von den Asam-Brüdern.

**9 Damenstiftskirche St. Anna**

Karte M3–4 ▪ Damenstiftstr. 1 ▪ tägl. 8–20 Uhr

Das Damenstift St. Anna war ursprünglich ein Kloster der Salesianerinnen im Hackenviertel der Altstadt, heute ist es eine Schule. 1735 entstand die spätbarocke Kirche. Fassade und Innenraum wurden von den Asam-Brüdern gestaltet. Die im Zweiten Weltkrieg zerstörten Malereien wurden in Sepia rekonstruiert.

**10 Synagoge Ohel Jakob**

Münchens Hauptsynagoge Ohel Jakob (»Zelt Jakobs«) am Sankt-Jakobs-Platz ist zusammen mit dem Jüdischen Museum und der Israelitischen Kultusgemeinde Teil des Jüdischen Zentrums. Die Synagoge von 2006 ist ein kubusförmiger Bau, der von einem lichtdurchfluteten Glasaufbau mit bronzefarbenem Metallnetz gekrönt wird. Der massive Sockel mit unregelmäßigen Steinen erinnert an die Klagemauer in Jerusalem *(siehe S. 80)*.

# TOP10 Gärten & Parks

Besucher genießen die Sonne im Englischen Garten

### 1 Schlosspark Nymphenburg

Die von einer Mauer umschlossene Anlage erstreckt sich 1,5 Kilometer nach Westen und besitzt eine Nord-Süd-Ausdehnung von rund zwei Kilometern. Der Park mit seinem über 300 Jahre alten Baumbestand steht unter Naturschutz *(siehe S. 30f)*.

### 2 Englischer Garten

Für die Münchner ist der Englische Garten ein Freizeitparadies mitten in der Stadt. Im Sommer liegen Tausende auf den Rasenflächen, Radfahrer, Jogger und Skater sind

Alter Botanischer Garten

unterwegs, der Kleinhesseloher See ist voller Boote. In den vier Biergärten des Parks gibt es kühles Bier *(siehe S. 22f)*.

### 3 Botanischer Garten

Der Botanische Garten gehört zu den bedeutendsten der Welt. Das Gelände wurde 1914 am Nymphenburger Schlosspark errichtet. Rund 14 000 Pflanzenarten aus aller Welt werden hier kultiviert *(siehe S. 127f)*.

### 4 Westpark

Der Westpark wurde 1983 für die IGA (Internationale Gartenbauausstellung) angelegt. Auf 72 Hektar Fläche gruppieren sich zahlreiche künstliche Hügel mit Wanderwegen, einem See und Teichen. Im Sommer gibt es auf der Seebühne Konzerte, Theater und Open-Air-Kino *(siehe S. 120)*.

### 5 Hofgarten

Der Hofgarten im Norden der Residenz wurde ab 1613 nach dem Vorbild italienischer Renaissance-Gärten angelegt. Er wird auf zwei Seiten von langen Arkaden gesäumt. Mehrere Reihen von Linden-, Kastanien- und Ahornbäumen spenden im Sommer Schatten für die Boule-Spieler. Beim Dianatempel, einem zwölfseitigen Rundpavillon mit flacher Kuppel im Zentrum der Anlage, treffen sich in lauen Sommernächten die Tango-Fans zum Tanzen (siehe S. 17).

**6** **Alter Botanischer Garten**
**Karte L3** ▪ **Sophienstraße 7**
In der kleinen Anlage (1804–12) befand sich früher der Botanische Garten. Hier stand einst auch der Glaspalast von 1854, der 1931 abbrannte. Heute kann man sich nach einem Einkaufsbummel im Park entspannen. Er liegt nahe der Fußgängerzone zwischen Stachus und Hauptbahnhof.

**7** **Bavariapark**
Der kleine Park hinter der Bavaria entstand 1826–31 – ein idealer Ort für eine Pause beim

**Dianatempel im Hofgarten**

Bummel über das Oktoberfest (siehe S. 119). Außerdem lädt ein Biergarten zu einer Brotzeit unter Schatten spendenden Kastanien ein.

**8** **Luitpoldpark**
Der Park wurde 1911 zum 90. Geburtstag von Prinzregent Luitpold angelegt. In den 1950er Jahren kam ein Schuttberg, der Luitpoldhügel, dazu. Er bietet eine schöne Aussicht auf die Stadt und (bei klarem Wetter) auf die Alpen (siehe S. 106).

**9** **Hirschgarten**
Eine Reminiszenz an seine frühere Funktion als Jagdrevier für den Adel ist das Gehege mit Hirschwild. Ansonsten ist der Park heute eher ein Revier für Freizeitsportler. Sein Biergarten ist angeblich der größte der Welt (siehe S. 128).

**10** **Isarauen & Rosengarten**
**Karte E6** ▪ **Sommer: tägl. 7–20 Uhr; Winter: tägl. 9–16 Uhr**
Die ausgedehnten Isarauen sind eine lang gestreckte grüne Lunge. Südlich der Wittelsbacherbrücke liegt hier der Rosengarten der Städtischen Baumschule, eine Oase der Ruhe mitten in der Stadt. In der kleinen Anlage gibt es außer den vielen Rosenarten auch einen Duftgarten, einen Garten mit Giftpflanzen und einen Tastgarten für Blinde.

# TOP 10 Unbekanntes München

Volkssternwarte München

auf der Olympia-Alm auch bayrische Schmankerln. Im Winter verwandelt sie sich tatsächlich in eine »Alm« und schenkt Glühwein aus.

### ③ Löwenturm am Rindermarkt

**Karte N4** ▪ **Rindermarkt 9**
Rätselhaft: Der 23 Meter hohe Turm (12. Jh.) war vermutlich ein Teil der Stadtbefestigung, eventuell auch ein Wasserturm. Leider kann das Innere mit Kreuzrippengewölbe und Fresken nicht besichtigt werden.

### ① Der verrückte Eismacher

**Karte N1** ▪ **Amalienstraße 77** ▪ **tägl.**
Bier-Eis, Weißwursteis, Rucola-Walnuss-Eis ... Der verrückte Eismacher produziert täglich viele ausgefallene, aber leckere Eissorten. Eine Filiale gibt es inzwischen auch auf dem Weg zur Isar in der Fraunhoferstraße.

### ② Olympia-Alm

**Karte E1** ▪ **Martin-Luther-King-Weg 8** ▪ **tägl. 10–22 Uhr (im Sommer länger)**
Der höchste Biergarten Münchens (564 m) liegt auf dem Olympiaberg. Ursprünglich war er ein Kiosk für die Arbeiter, die 1972 den Olympiapark errichteten. Neben Bier gibt es

### ④ Design-U-Bahnhöfe

Münchens U-Bahnen sind bunt: So erstrahlt das Zwischengeschoss am Marienplatz in sattem Orangerot, an der Münchner Freiheit spielte der Lichtdesigner Ingo Maurer mit Blau, am Westfriedhof gleich mit Rot, Gelb und Blau. Der Georg-Brauchle-Ring hat kunterbunte Wände, am Candidplatz gibt es Regenbogeneffekte. Übrigens: Seit 2014 fahren mit dem German Design Award ausgezeichnete U-Bahnzüge.

### ⑤ Fräulein Grüneis

**Karte P2** ▪ **Lerchenfeldstraße 1a** ▪ **Mo–Fr ab 8, Sa, So ab 10 (jeweils bis kurz nach Einbruch der Dunkelheit)**
Am Eisbach des Englischen Gartens, ganz in der Nähe der Surfer-Eis-

Regenbogeneffekte im U-Bahnhof Candidplatz

### 8 Gans am Wasser

**Karte C6 ▪ Mollsee im Westpark ▪ Zeiten der Website entnehmen ▪ www.gansamwasser.de**

Das urige Bauwagen-Café ist zu allen Jahreszeiten ein guter Treffpunkt im Westpark – ob zum Gemüse-Kebab, zu einem köstlichen Stück Kuchen oder einfach zu einem Getränk. Die Lage direkt am Ufer des Mollsees könnte nicht besser sein. Sehr beliebt ist auch der Winterzauber mit Glühwein.

### 9 Bronzemodell der Innenstadt

**Karte M3 ▪ Frauenplatz**

Vor der Frauenkirche steht ein Bronzemodell der Münchner Altstadt von Egbert Broerken (2005). Es hilft nicht nur Sehbehinderten, sondern ist auch für Normalsichtige ein haptisches Erlebnis – und als Relief ein optisches.

bachwelle, stand früher ein Toilettenhäuschen. Es wurde in ein hübsches Kiosk-Café verwandelt, in dem alles bio ist – vom Kaffee über das Fleisch bis zum Brot. Es gibt täglich warme Mittagsgerichte.

### 6 Bayerische Volkssternwarte München

**Karte H6 ▪ Rosenheimer Straße 145h ▪ Führungen: Mo – Fr 20 Uhr ▪ Eintritt ▪ www.sternwarte-muenchen.de**

Ferne Galaxien – zum Greifen nah: Die Volkssternwarte verdankt sich der Initiative einer Gruppe von Hobby-Astronomen nach dem Zweiten Weltkrieg. Zusätzlich zu den Teleskopen auf der Beobachtungsplattform gibt es ein Planetarium, Ausstellungen und Vorträge von Astronomen. Die Sternwarte veranstaltet spezielle Kinderführungen.

### 7 Tango im Sommer

**Karte N2 & P4 ▪ Hofgarten & Praterinsel**

Inoffizieller Treffpunkt der Münchner Aficionados ist der Dianatempel im Hofgarten (siehe S. 17). Hier wird an wechselnden Tagen Salsa, Swing und Tango getanzt – von der Bürokratie geduldet. Ein weiterer Treff ist der Innenhof der einstigen Likörfabrik auf der Praterinsel.

### 10 Boule-Spieler im Hofgarten

**Karte N2 ▪ Hofgarten (Nordseite)**

Seit gut 40 Jahren ist der Hofgarten Treffpunkt der Boule-Spieler. An schönen Tagen packen sie ihre Kugeln aus und verleihen dem Ort ein mediterranes Flair. Im Juli gibt es sogar ein Turnier – die ansonsten eher strenge Stadtverwaltung duldet das Spiel.

**Boule-Spieler im Hofgarten**

# TOP10 Kinder

**1 Olympiapark**
Sportliche Kinder werden die Angebote des Olympiaparks lieben. Ob Schwimmhalle, Beachvolleyball-Platz, Skipiste, Bootsfahrten, Streetball-Court oder – für ältere Kids – Klettertouren auf dem Zeltdach: Hier gibt es das größte Sport- und Fun-Angebot der Stadt *(siehe S. 32f)*.

**2 Deutsches Museum**
Für ältere Kinder sind viele der Abteilungen spannend. Für die Kleineren (ab drei Jahren) gibt es das »Kinderreich«. Bei den interaktiven Exponaten können die Kinder physikalische Phänomene erleben. Auch interessant für Kids: die Ausstellung »Technisches Spielzeug« und der etwa einstündige Planetenweg – von der Sonne im Museumshof bis zum Pluto am Eingang des Tierparks. Das Museum und seine Zweigmuseen bieten zudem spezielle Kinderführungen *(siehe S. 26 – 29)*.

**3 Tierpark Hellabrunn**
Der Tierpark ist bei Kindern ein Renner. Faszinierend sind die Fütterungen und die Tiershows: u. a. Elefanten-Show, Eisbären-Talk, Seelöwen-Training. Für die Kleinen gibt es Streichelgehege, Spielplätze und das Kinderland. Beim Tierspaziergang begleitet man Tierpfleger mit Lamas oder Ponys *(siehe S. 121)*.

**Neugieriger Luchs im Wildpark Poing**

**Experiment, Deutsches Museum**

**4 Marionettentheater**
Karte M4 ■ Blumenstraße 32 ■ +49 89 26 57 12 ■ Eintritt ■ www.muema-theater.de
Das Säulen-Giebel-Tempelchen von 1900 beherbergt Münchens ältestes Marionettentheater (1858 gegründet). Die Vorstellungen – von Kinderkrimis bis zur *Zauberflöte* – begeistern Groß und Klein.

**5 Bavaria Filmstadt**
Hier werden Film und Fernsehen gemacht. Die Bavaria Filmstadt bietet verschiedene Führungen an. Es knallt und kracht bei den Acts der Stunt-Show, im Filmtrickstudio erfährt man, wie »unglaubliche« Dinge auf die Leinwand kommen. Beim Rundgang kann man die Kulissen berühmter Filme aus nächster Nähe bewundern. Ein weiteres Highlight ist das 4-D-Kino mit bewegten Sitzen (für Kinder ab 120 Zentimeter Größe) – garantiert mit Wow-Effekt *(siehe S. 54)*.

**6 Circus Krone**
Artisten in der Kuppel, Raubtiere in der Manege: Europas größter Zirkus ist im Sommer auf Tour, im Winter hat er ein festes Haus: den Kronebau. Die Vorstellungen bieten eine bunte Vielfalt an traditioneller Zirkuskunst und moderner Show – immer mit Clowns *(siehe S. 129)*.

**⑦ SEA LIFE**
Karte E1 ▪ Willi-Daume-Platz 1
▪ +49 89 45 00 00 ▪ tägl. 10–17 Uhr (Sa, So & in den Ferien bis 18 Uhr) ▪ Eintritt
▪ www.visitsealife.com/muenchen
Viele Aquariumsbewohner stehen auf der roten Liste gefährdeter Tiere. Kinder lieben die Seepferdchen und das Berührungsbecken. Spannend: die Fütterungen *(siehe S. 33).*

**⑧ Schauburg**
Das Jugend- und Kindertheater bietet jährlich etwa 350 Vorstellungen, einige Aufführungen eignen sich schon für Kleinkinder ab einem Alter von drei Monaten *(siehe S. 53).*

**⑨ Kindermuseum München**
Karte L3 ▪ Arnulfstraße 3 ▪ +49 89 54 04 64 40 ▪ Do, Fr 14–17, Sa, So 10–17 Uhr (Ferien: Di–So 10–17 Uhr) ▪ Eintritt
▪ www.kindermuseum-muenchen.de
Seit 1990 gibt es hier interaktive Ausstellungen, Workshops und Spiele für Kinder ab vier Jahren.

Seifenblasen, Kindermuseum München

**⑩ Wildpark Poing**
Osterfeldweg 20, Poing
▪ +49 8121 80 617 ▪ Apr–Okt: tägl. 9–17 Uhr; Nov–März: tägl. 9–16 Uhr
▪ Eintritt ▪ www.wildpark-poing.de
Auf einem Rundweg (4 km) kann man einheimische Wildarten aus der Nähe beobachten, Gehege und Volieren sind naturnah gestaltet. Einige Tiere, etwa Ziegen und Ponys, lassen sich streicheln und füttern. Von April bis Oktober gibt es Greifvogel-Flugvorführungen (Sa–Do 11 & 15 Uhr). Danach geht es auf den Abenteuerspielplatz.

**Kinderfreundliche Cafés & Lokale**

Café Zuckertag

**1 Café Zuckertag**
Karte L6 ▪ Ehrengutstraße 10
Frühstück, Mittagsgerichte und Kuchen – und die Kleinen können das Spielzimmer in Sichtweite erobern.

**2 Seehaus**
Beim Seehaus am Kleinhesseloher See kann man Boote ausleihen *(siehe S. 23).*

**3 Café de Bambini**
Karte G2 ▪ Marktstraße 7
Mal was anderes: Kinderklamotten shoppen und Kaffee trinken. Die Kids spielen in der Spielecke – oder kriegen Babybrei.

**4 Chinesischer Turm**
Gleich beim Biergarten steht ein nostalgisches Karussell *(siehe S. 23).*

**5 Aumeister**
Sondermeierstraße 1
Der Biergarten im nördlichen Englischen Garten hat einen Abenteuerspielplatz.

**6 Turncafé**
Karte E3 ▪ Hiltenspergerstraße 43
Für die ganz Kleinen gibt es Spielbereich und Bewegungsraum (nur nachmittags).

**7 Kaiser Otto**
Karte M5 ▪ Westermühlstraße 8
Zum Brunch (Sa & So 10–14 Uhr) sind Betreuer in der Kids Lounge – ansonsten sollten Eltern ein Auge auf sie haben.

**8 Hofbräukeller**
Karte Q4 ▪ Innere Wiener Straße 19
Die Gaststätte mit großem Biergarten bietet einen Spielplatz und Kinderbetreuung für Kinder bis acht Jahre.

**9 Vits**
Karte N4 ▪ Rumfordstraße 49
Die beliebte Kaffeerösterei besitzt eine gemütliche Eltern-Kinder-Ecke.

**10 Hirschau**
Karte H2 ▪ Gyßlingstraße 15
Vom Biergarten aus hat man den eingezäunten Spielplatz immer im Blick.

# TOP10 Theater, Oper & Konzerte

Isarphilharmonie – im Jahr 2021 eröffneter Konzertsaal

**1 Bayerische Staatsoper**
Im klassizistischen National-theater verbucht die Oper unter In-tendant Serge Dorny und General-musikdirektor Vladimir Jurowski pro Jahr eine halbe Million Besucher bei über 400 Vorstellungen *(siehe S. 89)*.

**2 Bayerisches Staatsschauspiel**
Gleich neben der Oper eröffnete 1951 das Neue Residenztheater. Im »Resi« gibt es ein breites Spektrum an sehenswerten Inszenierungen. Spielstätten sind auch Cuvilliés-Theater und Marstall *(siehe S. 89)*.

**3 Cuvilliés-Theater**
Das Rokoko-Theater wurde am 14. Juni 2008 nach gründlicher Renovierung mit Mozarts *Idomeneo* wiedereröffnet. Es wird von den Staatstheatern bespielt *(siehe S. 17)*.

**4 Münchner Kammerspiele**
**Karte N3** ■ Maximilianstraße 28
■ +49 89 23 39 66 00
■ www.muenchner-kammerspiele.de
Das von Richard Riemerschmid 1901 im Jugendstil errichtete Schauspiel-haus ist seit 1926 Heimat der Kam-merspiele. In den 1920er Jahren sorgten Brecht-Aufführungen für Furore. Das Theater zählt zu den besten deutschen Bühnen.

**5 Staatstheater am Gärtnerplatz**
**Karte N4–5** ■ Gärtnerplatz 3
■ +49 89 21 85 19 60
■ www.gaertnerplatztheater.de
Das Haus wurde 1865 als bürgerli-ches Pendant zu den Hoftheatern erbaut. Das breite Repertoire des Theaters umfasst Opern, Operetten und Musicals.

Vorstellung des Bayerischen Staatsschauspiels im Residenztheater

**6 Isarphilharmonie**
Der Konzertsaal im 2021 eröffneten Kulturzentrum Gasteig HP8 bietet Platz für rund 1900 Besucher. Der gesamte Komplex dient bis zum Abschluss der Sanierung des Gasteig als Ausweichquartier *(siehe S. 112)*.

**7 Herkulessaal**
Karte N3 ▪ Residenzstraße 1 (Eingang Hofgarten) ▪ +49 89 29 06 71
Der Saal in der Residenz ist der Rahmen für Konzerte. Verschiedene Orchester erfüllen den Raum (über 1200 Plätze) mit Klassikklängen.

**8 Prinzregententheater**
Karte R3 ▪ Prinzregentenplatz 12 ▪ +49 89 2185 1970
▪ www.theaterakademie.de
1901 wurde es als »Wagner-Festspielhaus« erbaut. Heute ist der wie ein Amphitheater konzipierte Raum u. a. Spielstätte der Bayerischen Theaterakademie August Everding.

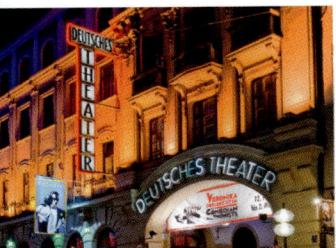

Deutsches Theater bei Nacht

**9 Münchner Volkstheater**
Karte E6 ▪ Tumblingerstraße 29 ▪ +49 89 523 46 55 ▪ www.muenchner-volkstheater.de
Auch nach dem Umzug in einen Neubau 2021 bietet das Theater ein anspruchsvolles Repertoire in »volksnahen« Inszenierungen.

**10 Deutsches Theater**
Karte L3–4 ▪ Schwanthalerstraße 13 ▪ +49 89 55 23 44 44
▪ www.deutsches-theater.de
Zum Programm des Gastspieltheaters zählen u. a. Musicals, Shows, Kabarett, Tanz und glanzvolle Feste.

**Kleine Bühnen & Kabarett**

Metropoltheater – einst ein Kino

**1 Pasinger Fabrik**
August-Exter-Straße 1, München-Pasing ▪ +49 89 82 92 90 79
▪ www.pasinger-fabrik.de
Theater & Oper im Kulturzentrum.

**2 Komödie im Bayerischen Hof**
Karte M3 ▪ Promenadeplatz 6 ▪ +49 89 29 28 10 ▪ www.komoedie-muenchen.de
Komödien & Revuen.

**3 HochX**
Karte N6 ▪ Entenbachstr. 37 ▪ +49 89 20 97 03 21 ▪ www.theater-hochx.de
Theater, Tanz, Performance u. a. in der Au.

**4 TamS-Theater**
Karte G2 ▪ Haimhauserstraße 13a ▪ +49 89 34 58 90 ▪ www.tamstheater.de
Seit 1970 Ungewöhnliches & Paradoxes.

**5 Teamtheater**
Karte N4 ▪ Am Einlass 2a bzw. 4 ▪ +49 89 260 43 33 bzw. 260 66 36
▪ www.teamtheater.de
Freies Theater in »Tankstelle« & »Salon«.

**6 Schauburg**
Karte F3 ▪ Franz-Joseph-Str. 47 ▪ +49 89 23 33 71 55 ▪ www.schauburg.net
Renommierte Bühne für junge Leute.

**7 Blutenburgtheater**
Karte D3 ▪ Blutenburgstr. 35 ▪ +49 89 123 43 00 ▪ www.blutenburg-theater.de
Münchens Kriminalbühne bietet Krimis.

**8 Metropoltheater**
Floriansmühlstr. 5 ▪ +49 89 32 19 55 33 ▪ www.metropoltheater.com
Hervorragendes Off-Theater.

**9 Lach- und Schießgesellschaft**
Karte G2 ▪ Ursulastr. 9 ▪ +49 89 39 19 97 ▪ www.lachundschiess.de
Scharfzüngiges politisches Kabarett.

**10 Theater im Fraunhofer**
Karte M5 ▪ Fraunhoferstr. 9 ▪ +49 89 26 78 50 ▪ www. fraunhofertheater.de
Kleinkunst von Musik bis Kabarett.

# TOP10 Filmstadt München

Raumstation aus dem Sci-Fi-Thriller *Stowaway* in der Bavaria Filmstadt

**① Bavaria Filmstadt**
**Bavariafilmplatz 7, Geiselgasteig** ▪ **+49 89 64 99 20 00** ▪ **Zeiten der Website entnehmen** ▪ **www.filmstadt.de**
Neben Berlin war Geiselgasteig ab den 1910er Jahren Zentrum der Filmindustrie. Hier entstanden Filmklassiker – von Stummfilm bis Science-Fiction. Auch später drehte man hier Großproduktionen wie Wolfgang Petersens *Das Boot* sowie Filme von Fassbinder und Bergman. Kulissen wie das Klassenzimmer aus der *Fack ju Göhte*-Trilogie werden viele Besuchern sehr vertraut vorkommen. Die etwa zweistündigen Führungen beinhalten auch einen Besuch im 4-D-Kino *(siehe S. 50)*.

Plakat des Filmfests München

**② Filmfest München**
**www.filmfest-muenchen.de**
Seit 1983 zeigt das größte deutsche Publikumsfestival Ende Juni aktuelle internationale Filmproduktionen. Die Vorstellungen sind auf diverse Kinos und weitere Kulturstätten verteilt. Im Rahmen des Filmfests findet im November das Internationale Festival der Filmhochschulen (Filmschoolfest Munich) statt.

**③ Hochschule für Fernsehen und Film**
**Karte M2** ▪ **Bernd-Eichinger-Platz 1** ▪ **+49 89 68 95 70** ▪ **www.hff-muenchen.de**
Seit 1967 ist die HFF eine Kaderschmiede für Filmemacher – egal ob Drehbuchautoren, Fernsehjournalisten oder Dokumentarfilmer. Absolventen waren u. a. Wim Wenders und Roland Emmerich. Es gibt auch Filmvorführungen (im Sommer im Innenhof).

**④ Filmmuseum des Münchner Stadtmuseums**
**Karte M4** ▪ **St.-Jakobs-Platz 1** ▪ **+49 89 23 32 41 50 (Tickets)** ▪ **Di – Fr 19, Sa 17, 20, So 17 Uhr** ▪ **www.muenchner-stadtmuseum.de**
Ein Traum für Cinephile – mit perfekter Vorführtechnik für alle Filmformate. Seit über 40 Jahren laufen hier Filme in Originalfassung, Reihen, Filme aus der eigenen Sammlung und Stummfilmrekonstruktionen (oft mit Live-Musik).

**5 DOK.fest München**
www.dokfest-muenchen.de
Im Mai stehen Münchner Kinos im Zeichen des Dokumentarfilms mit drei populären Wettbewerbsreihen.

**6 Fantasy Filmfest**
www.fantasyfilmfest.com
Gruselneigung ist ein Muss für das Festival des Horrorfilms (Okt/Nov).

**7 Mathäser**
Karte L3 ▪ Bayerstr. 3 – 5 ▪ 🦽
▪ www.mathaeser.de
Münchens alter Filmpalast wurde renoviert und als modernes Multiplex- und Premierenkino eröffnet.

**8 ASTOR Film Lounge im ARRI Kino**
Karte N1 ▪ Türkenstraße 91
▪ 01805 44 49 66 ▪ www.muenchen. premiumkino.de
Das traditionsreiche Programmkino mit großem Foyer plus Bar.

Open-Air-Kino, Olympiapark

**9 Open-Air-Kinos**
www.muenchen.de/kino
Sommer ist die Zeit der Open-Air-Kinos. Filmgenuss im Freien gibt es am Olympiasee *(siehe S. 32)*, im Westpark *(siehe S. 120)*, im Viehhof (www.viehhof-kino.de) und auf dem Königsplatz *(siehe S. 97)*.

**10 Werkstattkino**
Karte M5 ▪ Fraunhoferstraße 9
▪ +49 89 26 07 250 ▪ 🦽
▪ www.werkstattkino.de
Das Hinterhof-Kellerkino ist ein echtes Kino-Biotop – mit Filmen jenseits des Mainstreams.

---

**Münchner Filmemacher(innen)**

Rainer-W.-Fassbinder-Platz

**1 Percy Adlon**
Der Regisseur (geb. 1935) arbeitet seit dem Überraschungserfolg von *Out of Rosenheim* in Hollywood.

**2 Herbert Achternbusch**
Der Provokateur (1938 – 2022) wurde bekannt durch anarchisch-bayrische Filme.

**3 Die Verhoevens**
Michael Verhoeven (geb. 1938) gehört zu einer Schauspieler- und Filmemacher-Dynastie. Er ist mit der Schauspielerin Senta Berger verheiratet. Ihr Sohn Simon ist ebenfalls in der Filmbranche tätig.

**4 Joseph Vilsmaier**
Der Erfolgsregisseur (1939 – 2020) ist für seine Biopics, u. a. *Comedian Harmonists* (1997), bekannt.

**5 Helmut Dietl**
Der Regisseur (1944 – 2015) ironisierte in Serien wie *Monaco Franze* (1983) und *Kir Royal* (1985) die Münchner Szene.

**6 Rainer Werner Fassbinder**
Das Wunderkind des Neuen Deutschen Films (1945 –1982) drehte über 40 Kino- und Fernsehfilme.

**7 May Spils**
Sie schuf mit *Zur Sache Schätzchen* (1967) – mit Werner Enke und Uschi Glas – den »Schwabing-Film« schlechthin.

**8 Doris Dörrie**
Die Regisseurin/Autorin (geb. 1955) erhielt zahlreiche Preise für ihr Werk. Bekannt wurde sie mit *Männer* (1985).

**9 Caroline Link/Dominik Graf**
Die Regisseurin (geb. 1964) gewann 2002 den Auslands-Oscar für *Nirgendwo in Afrika*. Sie lebt mit dem Regisseur Dominik Graf (geb. 1952) in München.

**10 Florian Gallenberger**
Der Münchner (geb. 1972) erhielt 2001 für den Kurzfilm *Quiero ser* einen Oscar.

# TOP 10 Nachleben

Partynacht im Ampere

### (1) Strom
**Karte K6** ■ Lindwurmstraße 88
■ www.strom-muc.de
Ob bei Partys oder Konzerten – in
dem 2012 wiedereröffneten Club im
Lindwurmhof, in dem einst die Dis-
kothek Crash zu Hause war, fühlen
sich Indie-Fans und Liebhaber des
Underground (eher über 30) wohl.

### (2) Milla Club
**Karte E6** ■ Holzstraße 28
■ www.milla-club.de
Die in einem Kellerraum unterge-
brachte Location im Glockenbach-
viertel ist einer der angesagtesten
Musik-Clubs der Stadt. Bis zu sechs
Mal in der Woche steht in der Milla
Live-Musik auf dem Programm – von
Rock über Indie und Hiphop bis Jazz.

### (3) Paradiso Tanzbar
**Karte N4** ■ Rumfordstraße 2
■ www.paradiso-tanzbar.de
In den Räumen des legendären
»Old Mrs. Henderson« tanzten Mick
Jagger und David Bowie, Freddie
Mercury feierte hier seinen 40. Ge-
burtstag. Seit 2008 ist hier die Para-
diso Tanzbar. Markenzeichen des im
Retro-Stil der 1980er Jahre gehalte-
nen hippen Clubs sind der blinkende
Tanzboden und Hits der 1980er.
Durchschnittsalter jenseits der 30.

### (4) Muffathalle & Ampere
**Karte P4** ■ Zellstraße 4
■ www.muffatwerk.de
Die Halle, das kleinere Ampere
und das säulenbestandene Café
sind je nach Veranstaltung – Partys,
Konzerte, Biennale, Theater, Tanz,
Lesungen – geöffnet. Das ehemalige
Wasserkraftwerk ist eine der schönsten Veranstaltungsstätten der Stadt
gleich hinter dem Müller'schen
Volksbad. Bei schönem Wetter lockt
der Biergarten Muffathalle.

### (5) Harry Klein
**Karte L3** ■ Sonnenstraße 8
■ www.harrykleinclub.de
Das Harry Klein gehört zu den
Clubs, die an der gebogenen Sonnenstraße die »Feierbanane« genannte Partymeile bilden. Die DJs
legen von Tech House bis zu Elektro
auf. Innovatives Lichtkonzept.

Konzert in der Muffathalle

**6 P1**
Karte P2 ▪ Prinzregentenstr. 1
▪ www.p1-club.de
Das P1 (von der Adresse Prinzregentenstraße 1) wurde als Hangout der FC-Bayern-Spieler republikweit berühmt. Mittlerweile ist es nicht mehr so hip, doch VIP-Bereiche gibt es immer noch. An der Bar im angegliederten P1 Studio nimmt man in Kettenkarussellsitzen Platz.

**7 Pacha**
Karte M3 ▪ Maximiliansplatz 5
▪ www.pacha-muenchen.de
Der Club bietet das ganze Spektrum an House Music und beschäftigt Top-DJs. Hübsch im Sommer: die Außenterrasse.

Klein, aber fein: Rote Sonne

**8 Rote Sonne**
Karte M3 ▪ Maximiliansplatz 5
▪ www.rote-sonne.com
In dem kleinen Club am Maximiliansplatz sind Techno und Elektro zu Hause. Konzerte unter der Woche.

**9 089 Bar**
Karte M3 ▪ Maximiliansplatz 5
▪ www.089-bar.de
Ein weiterer Club am Maximiliansplatz mit zentraler Bar und Tanzfläche – und langen Öffnungszeiten. Nach dem Umbau präsentiert sich der Club im neuen Style.

**10 Bahnwärter Thiel**
Karte L4 ▪ Tumblingerstraße 45
▪ www.bahnwaerterthiel.de
Der mit Containern und U-Bahn-Wagen ausgestattete Club ist auch bekannt für seine Techno-Nächte.

---

**LGBTQ+**

**1 Deutsche Eiche**
Karte N4 ▪ Reichenbachstraße 13
▪ www.deutsche-eiche.de
Traditionsreiche schwule Gaststätte mit Hotel und Gay-Sauna.

**2 Café NiL**
Karte M5 ▪ Hans-Sachs-Straße 2
▪ www.cafenil.com
Eines der ersten Schwulen-Cafés.

**3 Café Glück**
Karte M6 ▪ Palmstraße 4
▪ www.cafe-glueck.com
Kleine Gerichte, Drinks, Kuchen, Musik.

**4 Jenny was a friend of mine**
Karte M5 ▪ Holzstraße 14
▪ www.jwafom.de
Kleine, aber urgemütliche Bar.

**5 LeZ München**
Karte M4 ▪ Müllerstraße 26
▪ www.lez-muenchen.de
Lesbisch-queeres Zentrum.

**6 NY.Club**
Karte L4 ▪ Eisenstraße 3
▪ www.nyclub.de
Stylische Gay-Disco.

**7 Edelheiss**
Karte M4 ▪ Pestalozzistraße 6
▪ www.edelheiss.de
Für Bartträger ist donnerstags (20 – 22.30 Uhr) das zweite Bier gratis.

**8 Café im Sub**
Karte M4 ▪ Müllerstraße 14
▪ www.subonline.org
Treff im Schwulen Kommunikations- und Kulturzentrum.

**9 Ochsengarten**
Karte M4 ▪ Müllerstraße 47
▪ www.ochsengarten.de
Traditionsreiches Men-only-Lokal mit gelegentlichen Mottopartys.

**10 CSD**
▪ www.csdmuenchen.de
Prideweek ist Anfang Juli, mit Parade, Straßenfest und Rathausclubbing.

Deutsche Eiche

# 🔟 Spezialitäten

**Bratwürste mit Kraut**

**① Wurst & Würstl**
Wurst gehört in Bayern zur sogenannten Brotzeit, der kalten Zwischenmahlzeit. Eine bayrische Delikatesse sind die Weißwürste aus Kalbfleisch, die in siedendem Wasser erhitzt und dann aus der Pelle »gezuzelt« werden. Dazu gibt es süßen Senf. Typische warme Wurstmahlzeiten sind etwa Schweinswürstl (fränkische Bratwürste) mit Sauerkraut oder abgebräunter Leberkäse. Regensburger (Brühwürste) sind als Basis für bayrischen Wurstsalat unverzichtbar.

**② Münchner Schnitzel**
Da die Wittelsbacher mit den Habsburgern verwandt waren, gab und gibt es in Bayern viele Gerichte aus der böhmisch-österreichischen Küche. Knödel und Mehlspeisen zeugen davon, ebenso das Schnitzel. Bei der Münchner Variante enthält die Panade Meerrettich, süßen Senf und Breznbrösel.

Pikant: Münchner Schnitzel

**③ Schweinebraten**
Der Schweinebraten bzw. Schweinsbraten ist ein Klassiker. Bei der bayrischen Variante wird ein Bratenstück mit eingeschnittener Schwarte im Ofen geschmort. Während des Bratvorgangs muss das Fleisch immer wieder mit Bier (gern mit Dunkelbier) begossen werden, bis die Schwarte knusprig ist. Serviert wird der Schweinsbraten traditionell mit Knödeln und Sauerkraut oder Krautsalat.

**④ Knödel**
Knödel gibt es in der österreichischen, böhmischen und bayrischen Küche. Beliebt sind die Semmelknödel, einst Resteverwertung mit eingeweichten alten Semmeln. Eine Variante sind die Breznknödel (mit alten Laugenbrezn). Kartoffelknödel bestehen aus rohen (und gekochten) geriebenen Kartoffeln. In der Mitte haben sie einen gerösteten Weißbrotwürfel. Knödel, die nur aus gekochten Kartoffeln bestehen, können auch gut für süße Mehlspeisen verwendet werden, beispielsweise für Zwetschgenknödel.

**⑤ Kässpätzle**
Spätzle kommen aus dem bayrischen Schwaben. Traditionell wird der feuchte Spätzleteig in kochendes Wasser geschabt. Die Teigwaren gibt es in verschiedenen Varianten und Zubereitungen, eine davon sind Allgäuer Kässpätzle mit Käse und abgeschmälzten Zwiebeln.

Brezn passt fast immer: zur Brotzeit, zur Weißwurst, zum Obatzda …

**6 Steckerlfisch**
Der Duft ist Oktoberfest- und Biergartenbesuchern wohlvertraut: Steckerlfische, meist Forellen, Saiblinge und Makrelen, werden auf einen Stab gesteckt und über offenem Feuer gegrillt.

**7 Brezn & Semmeln**
Die typische Breznvariante ist die Laugenbrezn – zur Wiesnzeit vergrößert sich ihr Umfang enorm. Semmel ist die bayrische Bezeichnung für das normale Brötchen.

Gut gefüllt: Apfelstrudel

**8 Obatzda**
Der Biergarten-Klassiker war ursprünglich eine Käse-Resteverwertung. Aus Camembert, Butter, Quark, Paprika und Zwiebeln wird eine streichfähige Masse zubreitet.

**9 Mehl- & Süßspeisen**
Bayrische Süßspeisen sind oft gehaltvoll. Dazu zählen Apfelstrudel, Hollerkücherl, Dampfnudeln und der österreichische Kaiserschmarrn.

**10 Gebäck**
Die Zwetschgendatschi sollen aus Augsburg stammen. Rohrnudeln, ein Hefeteiggericht, sind in Österreich als Buchteln bekannt. Das Schmalzgebäck Auszogne ist auch sehr beliebt.

---

**Vegetarisch & vegan**

**1 Prinz Myshkin**
Einer der vegetarischen Oldtimer der Stadt (siehe S. 83).

**2 Max Pett**
Karte M4 ▪ Pettenkoferstr. 8
Die Speisekarte bietet alle paar Wochen neue Spezialitäten. Kein Alkohol.

Auberginen-Trifle

**3 Café Ignaz**
Karte F3 ▪ Georgenstraße 67
Crêpes, Gnocchi und Bio-Bier – die vegetarische Karte bietet Überraschungen.

**4 Deli Kitchen**
Karte F7 ▪ Gietlstraße 17
Vegan-vegetarisches Lokal mit beliebtem Brunch am Wochenende.

**5 Bodhi**
Karte J4 ▪ Ligsalzstraße 23
Veganes bayrisches Wirtshaus mit Obatzda und Schnitzelburger.

**6 Vegelangelo**
Karte P4 ▪ Thomas-Wimmer-Ring 16
Zwar vegetarisch, aber mit Genuss: von Pasta-Kreationen bis Trüffel-Risotto.

**7 Vegan Junkhouse Club**
Karte G5 ▪ Kellerstraße 29
Ob Burger, Hot Dogs oder Pizza – in dem pink gestalteten Laden ist alles vegan.

**8 mono café**
Karte L2 ▪ Augustenstraße 5
Veganes Café mit Bowls und Kuchen.

**9 Tushita Teehaus**
Karte M5 ▪ Klenzestraße 53
Gute Tees & frische vegane Kleinigkeiten.

**10 Lost Weekend**
Karte N1 ▪ Schellingstraße 3
Hippes Lesecafé einer Buchhandlung – Kaffee und Kuchen sind hier vegan.

Fleischlose Appetizer, Prinz Myshkin

# 🔟 Restaurants

### ① Restaurant Alois

In diesem mit zwei Michelin-Sternen ausgezeichneten Gourmetrestaurant werden kreative Gerichte für höchste Ansprüche serviert. Das Fine Dining Restaurant befindet sich im ersten Stock von Münchens berühmtestem Feinkostgeschäft Dallmayr *(siehe S. 93)*. Reservieren Sie frühzeitig *(siehe S. 95)*.

**Freundlich und hell: Zauberberg in Neuhausen**

### ② Tantris

Das Tantris in einem mittlerweile denkmalgeschützten Gebäude von 1971 gehört zu den Top-Restaurants in Deutschland, entprechend oft wurde es bereits ausgezeichnet. Seit 2021 führt Benjamin Chmura das Lokal. Seine Philosophie von Essgenuss sucht ihresgleichen. Drei Sommeliers beraten die Gäste. Ein Ort, an dem man besondere Gelegenheiten feiern kann – bei perfektem Service *(siehe S. 109)*.

### ③ Vinaiolo

**Karte Q5** ▪ **Steinstraße 42** ▪ **+49 89 48 95 03 56** ▪ **Sa mittags geschl.** ▪ **www.vinaiolo.de** ▪ **€€€**

**Tantris – Speisen bei besonderem Flair**

Das Lokal in Haidhausen hat ein nostalgisches Kaufladen-Dekor und ist eine Mischung aus Osteria, Bistro und Vinothek. Hier wird inspirierte italienische Küche serviert. Der Padrone, ein Weinhändler, empfiehlt die passenden (durchaus auch preiswerten) Weine. Mittagsmenüs und abendliches Vier-Gänge-Menü.

### ④ Zauberberg

**Karte D3** ▪ **Hedwigstraße 14** ▪ **+49 89 18 99 91 78** ▪ **Di – Sa ab 18 Uhr** ▪ **www.restaurant-zauberberg.de** ▪ **€€€**

Im Zauberberg werden kreative Gerichte aus frischen saisonalen Zutaten zubereitet. Sehr beliebt sind die vier- bis sechsgängigen Menüs mit dem zu jedem Gang passenden Wein. Das freundliche helle Restaurant bietet auch Plätze in einem Garten.

### ⑤ Pageou

**Karte N3** ▪ **Kardinal-Faulhaber-Straße 10** ▪ **+49 89 24 23 13 10** ▪ **So & Mo geschl.** ▪ **www.pageou.de** ▪ **€€€**

Im Lokal von Sterne-Koch Ali Güngörmüş in den Fünf Höfen gibt es moderne Küche mit orientalischen Einflüssen. Der Speiseraum besitzt eine höher gelegene kleine Galerie. Schön speist man auch auf der Terrasse im Innenhof. Ein Cafébereich bietet Sitzplätze zur Straße hin. Dem Restaurant ist auch eine Kochschule angegliedert.

**6 Landersdorfer & Innerhofer**
Karte M4 ▪ Hackenstraße 6–8 ▪ +49 89 26 01 86 37 ▪ Sa & So geschl. ▪ www.landersdorferundinnerhofer.de ▪ €€€
Die österreichisch inspirierte Küche von Johann Landersdorfer ist ein Hochgenuss (fast täglich wechselnde Menüs). Robert Innerhofer ist für den Wein zuständig.

**7 Matsuhisa Munich**
Karte N3 ▪ Neuturmstraße 1 ▪ +49 89 29 09 81 875 ▪ www.mandarinoriental.com ▪ €€€
Das einzige deutsche Restaurant von Starkoch Nobu Matsuhisa liegt im Hotel Mandarin Oriental. Die japanisch-peruanische Küche ist nicht gerade preisgünstig, aber grandios.

Geisel's Vinothek

**8 Geisel's Vinothek**
Karte L3 ▪ Schützenstraße 11 ▪ +49 89 55 13 77 140 ▪ So & Mo geschl. ▪ www.excelsior-hotel.de ▪ €€€
Die Vinothek im Hotel Excelsior bietet 500 Positionen auf der Weinkarte sowie anspruchsvolle Küche.

**9 Südtiroler Stuben**
Karte N3 ▪ Platzl 8 ▪ +49 89 216 69 00 ▪ So geschl. ▪ www.schuhbeck.de ▪ €€€
In Alfons Schuhbecks Gastro-Tempel neben dem Hofbräuhaus gibt es edle bayrisch-mediterrane Küche.

**10 Rue des Halles**
Das älteste französische Lokal Münchens mit hervorragender klassisch französischer Küche liegt in Haidhausen. Bei den Nachspeisen ist die Mousse au Chocolat unübertroffen *(siehe S.117)*.

---

**Frühstück & Brunch**

**White Rabbit's Room**

**1 White Rabbit's Room**
Karte Q5 ▪ Franziskanerstraße 19 ▪ www.white-rabbits-room.de
Alles in Weiß: hübsches Café mit kleinem Laden. Top-Croissants und -Bagels.

**2 Kolonial**
Karte C3 ▪ Donnersberger Straße 39 ▪ www.kaffee-espresso-kolonial.de
Kaffees von Österreich bis Orient.

**3 Speiserei Volksbad**
Karte P4 ▪ Rosenheimer Straße 1 ▪ www.speisereivolksbad.de
Jugendstil-Café im Müller'schen Volksbad mit Tischen im Freien.

**4 Das Neuhausen**
Karte D3 ▪ Blutenburgstraße 106 ▪ www.dasneuhausen.de
Große Frühstücksauswahl, auch draußen.

**5 Café Altschwabing**
Karte M1 ▪ Schellingstraße 56 ▪ www.altschwabing.com
Stuck und Kaffeehausatmosphäre.

**6 Das Maria**
Karte M5 - Klenzestraße 97 ▪ www.dasmaria.de
Lust auf eine kulinarische Entdeckungsreise durch den Orient?

**7 Café am Beethovenplatz**
Frühstück mit Live-Musik (So ab 11 Uhr). Terrasse *(siehe S. 123)*.

**8 Café Noel**
Karte Q5 ▪ Metzstraße 8 ▪ www.noel-cafe.com
Kuchen, Sandwiches, leichte Gerichte.

**9 Tagträumer**
Karte L6 ▪ Dreimühlenstraße 17 ▪ www.tagtraum-muenchen.de
Frühstück zum Ankreuzen (Sa & So).

**10 Stenz**
Karte K5 ▪ Lindwurmstraße 122 ▪ www.cafe-stenz-muenchen.de
Frühstück mit bayrischer Note.

**Preiskategorien der Restaurants** siehe S. 83

# 🔟 Bars & Cafés

**Drinks am Kamin im Flushing Meadows**

**① Flushing Meadows**
Karte M5 ▪ Fraunhoferstraße 32
▪ +49 89 552 791 70
Von der Terrasse der Rooftop-Bar des Hotels im Glockenbachviertel blickt man auf die Altstadt – und bei gutem Wetter auf die Alpen. Charakteristisch für die Drinks ist der Mix aus heimisch und international, etwa ein Wanderlust Sour als Sundowner.

**② Schumann's**
Karte N2 ▪ Odeonsplatz 6–7
▪ +49 89 22 90 60
Seit 40 Jahren betreibt Charles Schumann keine Bar, sondern eine Legende. Eigentlich schon immer hängen Promis und weniger Prominente hier ab – in einer Stadt, in der angesagte Locations kommen und gehen. Die Bar überlebte sogar den Umzug von der Maximilianstraße an den Odeonsplatz. Zum Hofgarten hin gibt es eine hübsche Terrasse. Im ersten Stock residiert Les Fleurs du Mal mit einem neun Meter langen Tisch, an dem man die Drinks mit dem Barmann bespricht.

**③ La Tasca Flamenca**
Karte C4 ▪ Mettinghstraße 2
▪ +49 89 37 41 90 75 ▪ So & Mo geschl.
Eine Bar wie in Spanien – hier genießt man köstlichste Tapas, dazu passen tiefrote spanische Weine oder ein Bier vom Fass. Man spürt förmlich die sanfte Brise einer lauen Sommernacht. Auch im Restaurant, das im hinteren Bereich eingerichtet ist, sitzt man sehr gemütlich. Im Sommer wird im Garten serviert.

**④ Zephyr Bar**
Karte N5 ▪ Baaderstraße 68
▪ Mo & Di geschl.
Ein weiterer Hangout im Glockenbachviertel: von außen unscheinbar, doch innen gibt es großartige Drinks nach dem Motto »Trinken ist ein Bedürfnis – genießen eine Kunst«.

**⑤ Maria Passagne**
Karte G5 ▪ Steinstraße 42
▪ +49 89 48 61 67
Eine gemütliche Bar mit eigenem Ambiente – vor allem zu späterer Stunde. Mit einem Cocktail in der Hand kann man sich bei dezenter Beleuchtung gut zurücklehnen und die Eindrücke des Tages verarbeiten. Gegen den kleinen Hunger gibt es japanische Snacks. Für den Einlass muss man klingeln – es lohnt sich.

**Café Frischhut – nicht nur bei Nostalgikern beliebt**

**6 Barroom**
Karte G5 ■ Milchstraße 17
■ +49 89 44 14 27 62 ■ So & Mo geschl.
Münchens kleinste Cocktailbar bietet eine Reise durch die Welt des Rums – von der Karibik bis Indien. Doch die Karte listet noch jede Menge weiterer Drinks. Hobby-Barkeeper lieben die Cocktailkurse.

**7 Bar Centrale**
Karte N4 ■ Ledererstraße 23
■ +49 89 22 37 62 ■ So
Italienische Tages- und Nachtbar. Im vorderen Teil (mit wenigen Sitzplätzen auf der Straße) zieht einem verlockender Espressoduft in die Nase. Gute Cocktails sowie Pasta.

**8 Café Lotti**
Reizendes, pastellfarbenes Frühstückscafé *(siehe S. 101)*.

**Ein Frühstückstraum in Rosa: Café Lotti**

**9 Café Frischhut**
Karte N4 ■ Prälat-Zistl-Straße 8
■ +49 89 26 82 37 ■ So
Einst kehrten verkaterte Nachtschwärmer ab 5 Uhr an dieser Ecke des Viktualienmarkts ein – heute öffnet das Café um 9 Uhr. Besser bekannt ist es unter dem Namen »Schmalznudel« wegen der frischen Schmalznudeln und Striezeln.

**10 Café Hüller**
Karte N5 ■ Eduard-Schmid-Straße 8 ■ +49 89 18 93 87 13
Das Frühstück ist sehr gut – egal ob süß oder herzhaft. Täglich gibt es eine Suppe, vegetarische Speisen, Fleischgerichte und ein Dessert. Im Café finden auch Konzerte, Ausstellungen und Lesungen statt.

## Bars, Cafés & Co. mit Live-Musik

**1 Jazzbar Vogler**
Karte N4 ■ Rumfordstraße17 ■ +49 89 29 46 62
Blues- und Jazzkonzerte, Lesungen.

**2 Waldwirtschaft Großhesselohe**
Georg-Kalb-Straße 3, Pullach-Großhesselohe ■ +49 89 74 99 40 30
In der beliebten Wirtschaft mit Biergarten hört man Live-Jazz.

**3 Café am Beethovenplatz**
Münchens ältestes Café mit Klassik und Jazz live *(siehe S. 123)*.

**4 Antons**
St.-Martin-Str. 7 ■ +49 89 69 73 72 45
Restaurant & Bar mit Live-Musik (Sa).

**5 Night Club**
Karte M3 ■ Promenadeplatz 2–6
■ +49 89 212 09 94
Im Keller des Bayerischen Hofs gibt es Live-Acts von Funk bis Jazz.

**6 Irish Folk Pub**
Karte G2 ■ Giselastr. 11 ■ +49 89 34 24 46
Seit 1977: »The Old Irish« bietet Irish Stew, Guiness, Whisky, Dart und irische Folkmusik live (immer Do).

**7 Jazzclub Unterfahrt**
Karte Q4 ■ Einsteinstraße 42 ■ +49 89 448 27 94
Jazzclub im Einstein-Kulturzentrum mit Gigs auch internationaler Musiker.

**8 Wirtshaus zum Isartal**
■ Brudermühlstr. 2 ■ +49 89 77 21 21
Uriges Wirtshaus mit Bühne für Theater und Kleinkunst sowie Live-Musik.

**9 Baal**
Kreittmayrstraße 26 ■ +49 89 18 70 38 36
Urige Kneipe mit Blues, Jazz, Soul oder Funk im Nebenraum.

**10 Hofbräuhaus**
Wer bayrische Blasmusik mag – im Hofbräuhaus spielt eine Kapelle *(siehe S. 89)*.

**Jazzclub Unterfahrt**

# TOP10 Biergärten

Chinesischer Turm: zweitgrößter Biergarten Münchens

**1 Augustiner-Keller**
Karte K2 ■ Arnulfstraße 52
■ 5000 Plätze (2500 mit Bedienung)
■ Spielplatz
Nahe dem einstigen Richtplatz gibt es seit Mitte des 19. Jahrhunderts diesen riesigen Biergarten unter uralten Kastanien. Witzig sind die 200 verzierten Stammtische. An schönen Sommerabenden ist der Garten bis auf den letzten Platz voll. Absolutes Plus: Augustiner Edelstoff vom Holzfass.

**2 Seehaus**
Karte G2 ■ Englischer Garten ■ 2500 Plätze (400 auf der Terrasse) ■ Spielplatz, Bootsverleih am See
Im Englischen Garten direkt am Kleinhesseloher See liegt einer der angesagtesten Biergärten – ideal, um Leute zu beobachten. Die Terrasse zum See hin ist »edler«, der Biergarten (mit Paulaner-Bier) ist lauschig (siehe S. 23).

**3 Chinesischer Turm**
Karte P1 ■ Englischer Garten
■ 7000 Plätze ■ Spielplatz, altes Holzkarussell nahebei
Der »Chinaturm« ist ein Wahrzeichen. Im ersten Stock der »Pagode« spielt am Wochenende eine Blaskapelle. Hier trifft man auf Studenten, Besucher und Münchner Originale (siehe S. 23). Im Ausschank: Hofbräu.

**4 Hofbräukeller**
Karte Q4 ■ Innere Wiener Straße 19
■ 1400 Plätze (400 mit Bedienung) ■ Spielplatz
Der Hofbräukeller ziert seit 1892 das Isarhochufer. Früher lagen hier auch die Brauerei und die Bierkeller. Der Biergarten besitzt ein so dichtes Kastaniendach, dass man auch bei Regen im Trockenen sitzen kann.

**5 Biergarten am Viktualienmarkt**
Karte N4 ■ Viktualienmarkt 9
■ 800 Plätze (200 mit Bedienung)
Keiner liegt so zentral wie er – zwischen den Ständen des Viktualienmarkts. Eine Rarität ist, dass hier im Rhythmus von sechs Wochen Bier aller Münchner Brauereien ausgeschenkt wird. Im Sommer gibt es Sonntagskonzerte mit Trachtenkapellen, am ersten Freitag im August das Brunnenfest – bewacht von der Brunnenfigur des Weiß Ferdl.

TAXISGARTEN
1982

Taxisgarten

Biergarten am Viktualienmarkt

**6** **Taxisgarten**
Karte D2 ■ Taxisstraße 12
■ 1500 Plätze
Der Nachbarschaftsbiergarten in Neuhausen ist ein lauschiges Plätzchen mit Kastanien und Eschen. Im Ausschank: Hofbräu.

**7** **Hirschgarten**
Beim Nymphenburger Schloss liegt Münchens größter Biergarten (8000 Plätze). Der Augustiner Edelstoff kommt aus dem riesigen »Hirschen«-Holzfass *(siehe S. 128)*.

**8** **Aumeister**
Sondermeierstraße 1
■ 3000 Plätze ■ Abenteuerspielplatz
Der Biergarten im nördlichen Teil des Englischen Gartens schenkt Hofbräu aus, aber auch Saisonbiere: Starkbier im März, Sommerbier und Wiesnbier während der Wiesn.

Im Landschaftsschutzgebiet: Aumeister

**9** **Wirtshaus am Bavariapark**
Im Biergarten am Bavariapark gibt es 1200 Plätze unter Kastanien (300 auf der Terrasse). Ausgeschenkt wird Augustiner *(siehe S. 125)*.

**10** **Zum Flaucher**
Karte E6 ■ Isarauen 8 ■ 700 Plätze ■ Spielplatz
Eine Biergarten-Idylle in den Isarauen mit schönem altem Baumbestand, der wie ein Park anmutet. Hier findet man Sonnenanbeter vom Isarstrand, Radfahrer, aber auch Familien mit Kindern. Ausgeschenkt wird Löwenbräu.

---

**Traditionen in & um München**

Pferde beim Leonhardiumzug

**1 Schäfflertanz**
München, Faschingszeit
Der Tanz der Schäffler (Küfer) findet alle sieben Jahre statt (nächster Termin 2026). Er erinnert an das Ende der Pest (15. Jh.).

**2 Tanz der Marktfrauen**
München, Faschingsdienstag
Die Standlfrauen des Viktualienmarkts tanzen fantasievoll verkleidet.

**3 Starkbierzeit**
Bayern, um Josephi (19. März) – Ostern
Die »fünfte Jahreszeit« wird mit Starkbier-Anstichen gefeiert. Berühmt ist der Salvator-Anstich (Nockherberg).

**4 Maibaum**
Bayern, 1. Mai
Am 1. Mai wird ein Maibaum aufgestellt. Wird er vorher gestohlen, muss er meist mit viel Bier ausgelöst werden.

**5 Fronleichnamsprozession**
Do nach Trinitatis
In ganz Südbayern finden Prozessionen statt, die größte zieht durch München.

**6 Kocherlball**
München, Chinaturm, 3. So im Juli
Kostümierte Paare tanzen ab 6 Uhr Landler, Zwiefache und Polka – in Erinnerung an den früheren Ball der Bediensteten.

**7 Leonhardiumzüge**
Oberbayern, 1. So im Nov
Umzüge zu Ehren des hl. Leonhard, des Schutzheiligen der Pferde.

**8 Christkindlmärkte**
Bayern, 1. Advent – 24. Dez
Glühwein, Stände und ein großer Christbaum – u. a. auf dem Marienplatz.

**9 Alphornblasen, Jodeln & Schuhplatteln**
Zu sehen und zu hören gibt es alle drei meist bei Trachtenfesten.

**10 Trachten**
Authentische Trachten sind bei Umzügen und Festen (z. B. Wiesn-Umzug) zu sehen.

# ⭐10 Traditionelle Wirtshäuser

Fassade des Wirtshauses Zum Franziskaner

### ① Zum Franziskaner
Karte N3 ▪ Residenzstraße 9 ▪ +49 89 231 81 20 ▪ €–€€

Das Traditionslokal soll den besten Leberkäse der Stadt servieren. Auch die Weißwürste sind nicht zu verachten. Speisekarten gibt es sogar auf Russisch. Gruppen können im urigen Zirbelstüberl Platz nehmen.

### ② Hofbräuhaus
Das berühmteste Wirtshaus der Welt ist ein Muss für München-Besucher (siehe S. 89).

### ③ Spatenhaus an der Oper
Karte N3 ▪ Residenzstraße 12 ▪ +49 89 29 07 060 ▪ €€

Das Traditionshaus am Max-Joseph-Platz ist im Erdgeschoss bodenständig. Die Stuben im ersten Stock sind etwas edler. Serviert wird bürgerliche Münchner Küche.

### ④ Schneider Bräuhaus
Das einstige Weiße Bräuhaus bietet traditionelle Münchner Küche, u. a. Kronfleischküche (Kronfleisch = Zwerchfell): Ob Kalbslüngerl, Milzwurst oder Schweinsbraten – die Gerichte sind hervorragend. Die resoluten Bedienungen meistern den Ansturm mit links. Ausgeschenkt wird der »Aff«, ein Weißbierbock. Hervorragend ist auch die Schneider Weisse (siehe S. 83).

### ⑤ Zum Augustiner
Die Großgaststätte in einem Traditionsgebäude (in dem bis 1885 Bier gebraut wurde) bietet sehenswerte Räume (darunter der Muschelsaal). Im Sommer kann man in der Fußgängerzone und im Arkadenhof sitzen (siehe S. 83).

### ⑥ Löwenbräukeller
Karte KL1 ▪ Nymphenburger Straße 2 ▪ +49 89 52 60 21 ▪ €–€€

Das historische Haus (1883) mit schönem Schankraum, mehreren Sälen, Festsaal und großem Biergarten dominiert den Stiglmaierplatz. Hier finden auch Faschingsbälle und Kongresse statt. Im März wird mit dem Triumphator-Anstich die »fünfte Jahreszeit« eingeläutet. Über dem Eingang thront ein steinerner Löwe, Wahrzeichen von Löwenbräu.

### ⑦ Paulaner Bräuhaus
Die wiederhergestellte Wirtshauseinrichtung aus dunklem Holz und die Braugerätschaften geben dem Lokal einen heimeligen Cha-

Zum Augustiner, Fußgängerzone

rakter. Ausgeschenkt wird das Hausgebraute. Gut sind die Wildgerichte *(siehe S. 125).*

**⑧ Wirtshaus in der Au**

**Karte P5** ▪ **Lilienstraße 51** ▪ **+49 89 448 14 00** ▪ **€**

Brunnenlöwe, Hofbräuhaus

Das Wirtshaus (1901) ist für seine Knödelvarianten bekannt – neben den üblichen etwa Bärlauch-, Spinat- oder Schinkenknödel. Für Fleischliebhaber gibt es u. a. Ente, Bullensteak und Ochsenfilet. Ausgeschenkt wird Paulaner und Auer Craft-Bier. Der Valentinssaal mit Deckenmalereien und hohen Säulen wird für Events vermietet.

**Bräustüberl des Löwenbräukellers**

**⑨ Fraunhofer**

**Karte M5** ▪ **Fraunhoferstraße 9** ▪ **+49 89 26 64 60** ▪ **€**

Die authentische Bierwirtschaft mit hohen Decken hat teilweise noch die Einrichtung aus der Zeit um 1900. Hier trifft man auf Einheimische sowie alternatives Publikum. Im Hinterhof gibt es eine Kabarettbühne, im Wirtshaus selbst sonntägliche Musikfrühschoppen. Ebenfalls im Hinterhof befindet sich das legendäre Werkstattkino *(siehe S. 55).*

**⑩ Augustiner Bräustuben**

Hier kann man zur Wiesnzeit die Brauereipferde sehen. Das Lokal in den einstigen Bierkellern und Pferdeställen der Brauerei besitzt urbayrisches Flair *(siehe S. 125).*

**Münchner & bayrische Biere**

**1 Augustiner**
Gebraut wurde es seit 1328 im Kloster nahe dem Dom, ab 1516 nach dem Reinheitsgebot. Der Augustiner Edelstoff gilt als Spitzenbier.

**2 Franziskaner Weißbier**
Es wurde seit 1363 von den Franziskanern im einstigen Kloster in der Residenzstraße gebraut. Heute gehört die Marke zur Spaten-Löwenbräu-Gruppe.

**3 Paulaner**
1634 begannen die Paulaner Mönche in der Au mit dem Bierbrauen. Berühmtester Braumeister war Bruder Barnabas (18. Jh.) – nach seiner Rezeptur entstand der Salvator.

**4 Löwenbräu**
Die Anfänge reichen bis ins 14. Jahrhundert zurück. Im 19. Jahrhundert stieg die Brauerei zur größten Münchens auf.

**5 Hofbräu**
Herzog Wilhelm V. gründete 1589 seine eigene Hofbrauerei. 1607 entstand am Platzl eine neue Sudstätte – ein Hofbräuhaus.

**6 Spaten**
Die Wurzeln der Brauerei liegen im 14. Jahrhundert. Der Name geht auf die Familie Spatt (16. Jh.) zurück.

**7 Hacker-Pschorr**
Das Bier wurde erstmals 1417 erwähnt. Heute gehört es zur Paulaner-Gruppe.

**8 Erdinger Weißbier**
Unter den etwa 1000 bayrischen Weißbiersorten ragt das Erdinger heraus.

**9 Ayinger**
Die kleine Brauerei in Aying braut ein Dutzend weltbekannter Biere.

**10 Andechser**
In der Benediktinerabtei auf dem »heiligen Berg« wird seit dem Mittelalter Bier gebraut.

**Maibaumschmuck am Viktualienmarkt: Münchner Brauereien**

**Preiskategorien der Restaurants** siehe S. 83

# 🔟 Shopping

## ① Fußgängerzone
**Karte M3**

Vom Marienplatz über Kaufingerstraße und Neuhauser Straße bis
zum Karlsplatz/Stachus erstreckt
sich Münchens Fußgängerzone.
Über 15 000 Menschen passieren sie
pro Stunde. Hier wird der größte
Umsatz Deutschlands im Einzel-
handel getätigt.

## ② Theatinerstraße & Residenzstraße
**Karte N3**

Am Marienhof hinter dem Rathaus
beginnt die Theatinerstraße, eine
Einkaufsstraße mit Modeboutiquen,
Edelläden und den Fünf Höfen. Par-
allel verläuft die Residenzstraße mit
den Shops einiger Luxuslabels.

## ③ Fünf Höfe
**Karte N3 ▪ www.fuenfhoefe.de**

Historische Gebäude und moderne
Architektur, Passagen, Innenhöfe,
Läden (u. a. Massimo Dutti, Emporio
Armani), Kultur (Kunsthalle der Hypo-Kulturstiftung) und Lokale (u. a.
Schumann's Tagesbar, Pageou) – der
preisgekrönte Komplex von Herzog
und de Meuron erstreckt sich zwischen Theatiner-, Kardinal-Faulha-
ber-, Maffei- und Salvatorstraße.

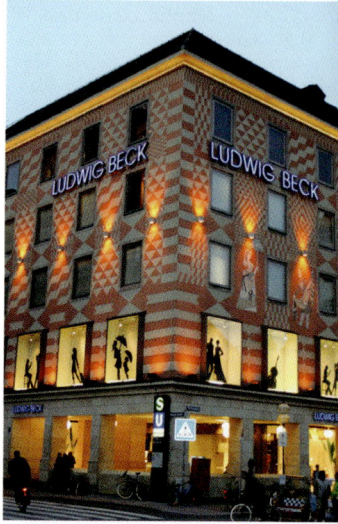
**Kaufhaus Beck, Marienplatz**

## ④ Um den Gärtnerplatz
**Karte N4 – 5**

Im szenigen Gärtnerplatzviertel gibt
es neben angesagten Kaffeebars
und Restaurants viele kleine, besondere Läden, etwa Blutsgeschwister
mit eigener Fashion-Linie.

## ⑤ Maximilianstraße & Maximilianhöfe
**Karte N3 ▪ www.maximilianhoefe.de**

Der Prachtboulevard (19. Jh.) zwischen Nationaltheater und Altstadtring ist eine der exklusivsten Ein-
kaufsmeilen. Armani, Bulgari, Gucci
etc. residieren in der von Friedrich
Bürklein im Maximilianstil errichteten Flanierstraße. Attraktion seit
2003: die Maximilianhöfe (u. a. Ver-
sace, Dolce & Gabbana).

## ⑥ Sendlinger Straße & HOFSTATT
**Karte M4 ▪ www.hofstatt.info**

Die Sendlinger Straße ist eine der
ältesten Einkaufsstraßen mit einigen
Traditionsgeschäften, wird aber zu-
nehmend schicker. Die 2013 eröffnete HOFSTATT ist eine Einkaufspassage mit Trendshops wie etwa
Hollister und Adidas.

**Passage der HOFSTATT**

**7** **Um den Viktualienmarkt**
Karte N4

Der Viktualienmarkt selbst ist einen Bummel wert *(siehe S. 80)*. Um den Markt liegen größere und kleinere Fachgeschäfte. Kleine Antiquitätenläden und der größte Öko-Supermarkt der Stadt finden sich in den Sträßchen Richtung Isartor. Zum Rindermarkt und Löwenturm hin verläuft eine Ladenpassage.

**8** **Um die Universität**
Karte N1

Im Karree von Amalien-, Schelling-, Türken- und Adalbertstraße gibt es wegen der Universität viele Buchhandlungen, aber auch flippige Boutiquen, Schmuck- und Designgeschäfte.

**9** **Leopoldstraße & Hohenzollernstraße**
Karte FG2–3

In Schwabings Leopoldstraße reihen sich ab Höhe Giselastraße Läden, Restaurants und Cafés aneinander. Interessante Boutiquen und Shops liegen links (stadtauswärts) in den Seitenstraßen, insbesondere in der Hohenzollernstraße.

Blutsgeschwister, Gärtnerplatz

**10** **Shopping-Center**

Große Einkaufszentren außerhalb der Innenstadt sind OEZ (www.olympia-einkaufszentrum.de), die Pasing Arcaden bei der S-Bahn-Station (www.pasing-arcaden.de), die Riem Arcaden in der Messestadt Riem (www.riemarcaden.de) und das FORUM Schwanthalerhöhe (www.forum-schwanthalerhöhe.de).

**Märkte & Dulten**

**Viktualienmarkt**

**1 Viktualienmarkt**
Der 1807 entstandene Viktualienmarkt *(siehe S. 80)* ist ein Ort für Feinschmecker.

**2 Markt am Elisabethplatz**
Karte F3
Der Markt am Elisabethplatz (seit 1903) ist der zweitgrößte Münchens.

**3 Markt am Wiener Platz**
Karte Q4
Die alten Marktbuden am Wiener Platz waren schon oft Kulisse für Fernsehfilme.

**4 Großmarkthalle**
Karte E6
Der Münchner Großmarkt (1912) ist atmosphärisch. Ein Neubau ist geplant.

**5 Auer Dulten**
Karte P6 ▪ Mariahilfplatz
▪ www.auerdult.de
Es gibt drei neuntägige Dulten (Maidult ab Ende Apr, Jakobidult ab Mitte Juli & Kirchweihdult ab Mitte Okt).

**6 Antikmärkte**
Trash & Antikes findet man auf dem Floh- und Antikmarkt Daglfing (Rennbahnstr. 35) und in der Zenithhalle (Lilienthalallee 29) mit Flohmarkt-Freigelände.

**7 Trödel- & Flohmärkte**
Die größten sind: Riesen-Flohmarkt auf der Theresienwiese (Apr) und Flohmarkt München-Riem (Am Messefreigelände).

**8 Hinterhofflohmärkte**
www.hofflohmaerkte.de/muenchen
Wochenend-Spaß: Im Sommer veranstalten viele Viertel Hinterhofflohmärkte.

**9 Weihnachtsmärkte**
Der größte ist am Marienplatz. Stimmungsvoller sind z. B. Schwabinger und Haidhauser Weihnachtsmarkt.

**10 Magdalenenfest**
Karte H2 ▪ Hirschgarten
Kleines Volksfest (Juli) mit Markt.

# ⊤⍟₱10 Sport & Wellness

**Wandteile in allen Schwierigkeitsgraden: Boulderwelt München West**

**① Eisstockschießen**
In München hat das Eisstockschießen Tradition. Doch was lange als Altmännersport galt, ist inzwischen zu einem Trend geworden. Daher finden sich im Winter in vielen Biergärten Bahnen, auf denen jeder sein Glück versuchen kann.

**② Bouldern**
www.boulderwelt.de
Sicheres Klettern ohne Seil und Klettergurt – in München gibt es drei große Boulderhallen: Boulderwelt München Ost (Ostbahnhof),

München Süd (Brunnthal) und München West (Neuaubing).

**③ Klettern**
www.alpenverein-muenchen-oberland.de/bergsport/klettern
München ist ideal für Kletterfans: Die Alpen liegen quasi vor der Haustür. In der Stadt gibt es einige künstliche Kletterwände zum Üben. Anschließend geht es hinaus in die Natur – an die reale Felswand.

**④ Laufen**
www.mrrc.de
Für Jogger bietet München viele Parks (siehe S. 46f) sowie die Isarauen. Wer nicht gern allein joggt, kann bei den Münchner RoadRunners formlos in einer leistungsgerechten Gruppe mitlaufen.

**⑤ Wandern**
www.alpenverein.de
Auch für »Flachlandtiroler« gibt es in München und in der näheren Umgebung einige schöne Wanderrouten. Wer es extremer mag, fährt in die nahen Alpen zum Bergwandern. Über Wandertouren informiert u. a. der Deutsche Alpenverein.

**⑥ Golf**
www.muenchen-spielt-golf.de
Golf hat sich im Raum München zu einem wahren Breitensport entwickelt. In der direkten Umgebung der bayrischen Landeshauptstadt befinden sich mehr als 40 Golfplätze.

**Allianz Arena**
In der für die Fußball-WM 2006 erbauten Allianz Arena im Münchner Norden (Fröttmaning) trägt der FC Bayern seine Heimspiele aus. Der von den Architekten Herzog und de Meuron entworfene Bau hat eine transluzente Außenfassade, die in allen Farben leuchten kann. Das Stadion fasst 75 000 Zuschauer. Im Gastronomiebereich gibt es mehrere Restaurants, eine Presse-Cafeteria und eine Café-Bar. Das Stadion ist mit der U6 erreichbar.

**Allianz Arena**

**(7) Radfahren**
www.bayern.adfc.de
München besitzt eines der besten Radwegenetze Europas. Mehrere »grüne Routen«, an denen man ohne Abgas- und Lärmbelästigung vergnüglich »radeln« kann, ziehen sich durch die Stadt. Eine große Auswahl geführter Radtouren in und um München bietet der ADFC an.

**(8) Wassersport**
www.swm.de ▪ www.muenchen. de/freizeit/seen-uebersicht.html
Ob Schwimmen, Rudern, Segeln, Windsurfen, Kanufahren – für Wasserratten haben München und Umgebung im Sommer einiges zu bieten: von Freizeitbädern über Baggerseen oder kleine idyllische Moorseen bis zu den großen oberbayrischen Seen.

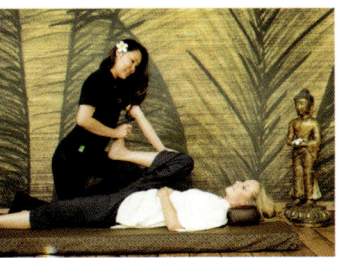

Wohlfühlbehandlung im Sai Spa

**(9) Wellness**
www.sai-spa.de
Wellness findet überall immer mehr Liebhaber. Auch München bietet dafür viele Möglichkeiten – vom Tages-Spa im Öko-Supermarkt bis zum Blue Spa im Bayerischen Hof. Beliebt ist auch der Hamam im Mathilden-Bad. Wer in Asia-Ambiente entspannen will, sollte ins Sai Spa gehen.

**(10) Wintersport**
München und Umgebung sind ein Mekka für Wintersport. Ob Skifahren, Eislaufen, Snowboarden, Eisstockschießen oder Schlittenfahren: Bei den vielfältigen Angeboten kann jeder seinen Spaß haben – übrigens auch in der Stadt.

**Sport-Events**

MÜNCHEN MARATHON

**1 Vierschanzentournee**
www.vierschanzentournee.com
Bekanntester Skisprung-Wettbewerb der Welt zum Jahreswechsel in Oberstdorf, Garmisch-Partenkirchen, Innsbruck und Bischofshofen.

**2 FC Bayern München**
www.fcbayern.com
Der bekannteste Münchner Fußballclub spielt seit Jahrzehnten erfolgreich.

**3 TSV 1860 München**
www.tsv1860.de
Der zweite Münchner Proficlub wird von den Fans liebevoll »Löwen« genannt.

**4 BMW Open**
www.bmwopen.de
Tennisspektakel (Apr/Mai) auf der Anlage des MTTC Iphitos e. V.

**5 BMW International Open**
www.bmw-golfsport.com
Größtes professionelles Golfturnier Deutschlands (Juni).

**6 Munich Mash**
www.munich-mash.com
Actionsport vom Feinsten (Anfang Juli) mit Stunts im Olympiapark.

**7 Isarschwimmen**
www.isarschwimmen.de
Traditionelles Event (1. Wiesn-Tag): Mutige stürzen sich in den Isarkanal.

**8 MÜNCHEN MARATHON**
www.generalimuenchenmarathon.de
Marathon (Okt) durch ganz München.

**9 Trabrennen**
www.daglfing.de
Auf der Rennbahn in München-Daglfing finden regelmäßig Rennen statt.

**10 Winterlauf**
www.olympiapark.de
Laufserie im Olympiapark (Dez – Feb) auf drei Strecken (10, 15 & 20 km).

# TOP10 Kostenlose Attraktionen

**Doppelkegel der BMW Welt**

**① BMW Welt**
Das Auslieferungs- und Erlebniszentrum des Autobauers ist an sich schon sehenswert. Noch besser: Die betreuten Ausstellungen sind kostenlos zugänglich *(siehe S. 129)*.

**② Surfer am Eisbach**
Meist sieht man schon von Weitem eine Schar von Zuschauern an der kleinen Brücke beim Haus der Kunst stehen. Sie beobachten die Surfer auf der Eisbachwelle, die hier übrigens das ganze Jahr über surfen *(siehe S. 22)*. Ein weiterer Surf-Spot liegt an der Floßlände.

**③ Glockenspiel**
Im Turmerker des Neuen Rathauses sieht man täglich um 11 und 12 Uhr (von März bis Oktober auch um 17 Uhr) das berühmte Glockenspiel. Oben wird die Hochzeit von Herzog Wilhelm V. und Renate von Lothringen mit Ritterturnier dargestellt. Unten tanzen die Schäffler *(siehe S. 12f)*.

**④ Museen & Sammlungen**
Das Museum für Abgüsse klassischer Bildwerke (Katharina-von-Bora-Str. 10), das Geologische Museum (Luisenstr. 37), das Kartoffelmuseum (Grafinger Str. 2), das Feuerwehrmuseum (An der Hauptfeuerwache 8) sowie die Lothringer 13 Halle *(siehe S. 43)* sind kostenlos zugänglich. Viele große Museen (darunter die Pinakotheken) gewähren Jugendlichen unter 18 Jahren unentgeltlich Eintritt.

**⑤ Gasteig HP8**
Während der mehrjährigen Sanierung des Gasteig in Haidhausen finden die Veranstaltungen – darunter auch kostenlose Konzerte, Ausstellungen, Lesungen und Kurse – im Ausweichquatier Gasteig HP8 statt *(siehe S. 53)*.

**⑥ Training des FC Bayern**
Ein Training beim Meister: Fans können im Stadion an der Säbener Straße 51 die Fußballstars hautnah erleben und vielleicht ein Autogramm ergattern (Termine für öffentliche Trainings auf https://fcbayern.com/shop/de/#_termine).

**⑦ Olympiapark**
Der Olympiapark bietet viele kostenpflichtige Attraktionen, doch man kann sich hier auch kostenlos

**Surfer an der Eisbachwelle**

**Kostenloses Konzert im Theatron**

**München für wenig Geld**

**1 MVV-Gruppentickets**
Nach dem Motto »Erst zählen, dann fahren« bietet der MVV günstige Gruppentickets für bis zu fünf Personen (Kinder zählen als halbe Person).

**2 München Card & München City Pass**
Wer häufig den öffentlichen Nahverkehr benutzt, kommt mit den beiden Optionen, die auch Rabatte für viele Attraktionen sowie Shopping- und Gastronomie-Angebote beinhalten, preisgünstiger weg *(siehe S. 141).*

**3 Sightseeing per Tram**
Schöne Route: Tram 19 führt vom Stachus über den Lenbachplatz und entlang der Maximilianstraße über die Isar nach Haidhausen. Der Preis: ein Ticket.

**4 Mit dem Mietrad durch die Stadt**
MVG Rad heißt das Radvermietungssystem der Stadt – eine preisgünstige Variante, die Stadt zu erkunden *(siehe S. 141).*

**5 Ins Museum für einen Euro**
Sonntags kostet in den staatlichen Museen und in einigen anderen der Eintritt zur Dauerausstellung nur einen Euro.

**6 Sonnenuntergang auf der Terrasse**
Es muss gar keine teure Rooftop-Bar sein: Auf der Dachterrasse des Gebäudes der TU München gibt's einen tollen Blick.

**7 Günstiges Gourmet-Essen**
Viele Gourmet- und sogar Sterne-Restaurants haben im Vergleich zu abends sehr günstige Lunch-Menüs.

**8 Stadtteilfeste**
Sie bieten oft kostenlose Unterhaltung und meist günstiges Essen an Ständen.

**9 Picknick im Biergarten**
Sie zahlen das Bier, doch Ihr Essen können Sie in alle Biergärten mitbringen.

**10 Kinotag**
Montags ist Kinotag (in manchen Kinos Mo & Di). Dann ist der Eintritt verbilligt.

das Gelände bzw. die Stände und Außendarbietungen des Sommerfestivals von Tollwood ansehen. Beim Sommernachtstraum im Juli gibt es ein großes Feuerwerk. Übrigens: Wenn große Konzerte im Stadion stattfinden, kann man im Park picknicken und zuhören *(siehe S. 32f).*

**⑧ Theatron**
Rock, Pop, R & B … an Pfingsten und einige Wochen im Sommer können bis zu 5000 Zuschauer im Amphitheater des Olympiaparks den Konzerten lauschen *(siehe S. 74f).*

**⑨ Open-Air-Vorführungen**
Beim Gärtnerplatzfest im September spielt das Orchester des Gärtnerplatztheaters kostenlos. Im Sommer und Herbst gibt es im Amphitheater im Nordteil des Englischen Gartens sowie in der Mohr-Villa klassische Komödien (Infos unter www.muenchner-sommer theater.de). Oper für alle bietet im Juli auf dem Max-Joseph-Platz die Live-Übertragung einer Opernaufführung sowie ein kostenloses Festspielkonzert auf dem Marstallplatz.

**⑩ Sternwarte Deutsches Museum**
Dienstags- und Freitagabends gibt es kostenlose Führungen in der Sternwarte des Deutschen Museums *(siehe Infobox S. 27).*

**Kinotag in den CityKinos**

# TOP 10 Festivals & Open-Air-Events

**① Streetlife Festival**
Mai/Juni & Sep
▪ www.streetlife-festival.de
Das von Green City organisierte
Nachhaltigkeits-Festival findet an
zwei Wochenenden im Jahr entlang
der Leopold- und Ludwigstraße
statt. Gleichzeitig wird das Straßenfest Corso Leopold gefeiert.

Streetlife Festival vor dem Siegestor

**② Münchener Biennale**
alle 2 Jahre im Mai/Juni
(2024, 2026 …) ▪ +49 89 28 05 607
▪ www.muenchener-biennale.de
Sie entstand 1988 unter Leitung des
Komponisten Hans Werner Henze
als weltweit einzigartiges Musik-
theaterfestival mit Auftragsopern
der Stadt München an junge Komponisten. Mittlerweile ist die alle zwei
Jahre stattfindende Veranstaltung
zur festen Institution mit einem breit
gefächerten Programm geworden.

**③ Opernfestspiele**
Ende Juni – Ende Juli
▪ www.bayerische.staatsoper.de
Unter Ludwig II. entwickelte sich
München zur Musikstadt. Zunächst

wurden Wagners Opern uraufge-
führt. Des Weiteren gab es Mozart-
Festspiele. 1910 fand die erste
Richard-Strauss-Festwoche statt.
Die Opernfestspiele sind die Fortset-
zung dieser Tradition mit »Klassikern« und zeitgenössischen Werken.
Hinzu kommen kostenlose »Oper für
alle«-Aufführungen.

**④ Tollwood**
Sommerfestival (Juni/Juli) im
Olympiapark-Süd, Winterfestival
(Nov – Silvester) auf der Theresienwiese ▪ 0700 38 38 50 24 (Tickets)
▪ www.tollwood.de
Musik, Tanz und Theater in Zelten –
zweimal jährlich als Sommer- und
Winterfestival. Aus dem Alternativ-
festival ist mittlerweile eine Groß-
veranstaltung geworden mit Rahmenprogramm, Verkaufsständen
und Bio-Gastronomie.

**⑤ Königsplatz Open Air**
Juli – Aug ▪ www.kinoopenair.de
Die pompöse Kulisse des Königs-
platzes ist für Open-Air-Veranstal-
tungen wie geschaffen. Im Sommer
finden hier klassische Konzerte,
Rock- und Popkonzerte statt. Der
weitläufige Platz wird auch für Open-
Air-Filmvorführungen genutzt.

**⑥ Theatron Musiksommer
& PfingstFestival**
Pfingsten, Aug ▪ www.theatron.de
An Pfingsten sowie einige Wochen
im Sommer gibt es kostenloses

Tollwood-Winterfestival, Theresienwiese

Musikvergnügen im Amphitheater des Olympiaparks *(siehe S. 72f)*.

**7 Oktoberfest**
Das größte Volksfest der Welt *(siehe S. 34f)* dauert 16 (oder 17) Tage. Es endet am ersten Sonntag im Oktober (oder am 3. Okt).

**8 Dance**
alle 2 Jahre im Mai (2023, 2025 …) ▪ www.dance-muenchen.de
Innovatives Tanzfestival der Landeshauptstadt in Zusammenarbeit mit (inter-)nationalen Partnern.

Besucher auf dem Oktoberfest

**9 SpielArt**
alle 2 Jahre im Okt & Nov (2023, 2025 …) ▪ www.spielart.org
Münchens »Fenster in die Theaterwelt« zeigt alle neue Theaterproduktionen aus aller Welt, meist mit einem Länderschwerpunkt, an verschiedenen Spielorten in der Stadt (u.a. Muffathalle, Haus der Kunst, Residenztheater, Münchner Volkstheater und Lothringer 13 Halle).

**10 Filmfest**
▪ filmfest-muenchen.de
Kleiner als die Berlinale und mit weniger Filmprominenz, dafür ein Publikumsfestival. Gezeigt werden jedes Jahr rund 200 Filme, das Rahmenprogramm ist vielfältig *(siehe S. 54)*.

**Weitere Events**

**Musiksommer im Theatron**

**1 Ballettfestwoche**
Apr ▪ www.bayerische.staatsoper.de
Eigenproduktionen des Staatsballetts und Gastspiele.

**2 Frühlingsfest**
Mitte Apr – Anfang Mai
Kleine Schwester des Oktoberfests auf der Theresienwiese.

**3 DOK.fest München**
Internationale Dokumentarfilme, Erstaufführungen, Nachwuchsfilme *(siehe S. 55)*.

**4 Stadtgründungsfest**
2. Juni-Wochenende
Kulturprogramm zwischen Marien- und Odeonsplatz.

**5 Brunnenhofkonzerte**
Juni – Aug ▪ www.muenchen.de
Klassik, aber auch Tango, Filmmusik u. a. an lauen Sommerabenden im Brunnenhof der Residenz.

**6 Krimifestival**
Frühjahr & Herbst ▪ www.krimifestival-muenchen.de
Hochkarätige Krimi-Autoren aus aller Welt strömen an die Isar. Lesungen an originellen (Tat-)Orten.

**7 Christopher Street Day**
Juli ▪ www.csdmuenchen.de
Parade und Showprogramm der Gay Community.

**8 Fantasy Filmfest**
Okt ▪ www.fantasyfilmfest.com
Horrorfilme, Trash und mehr für Fans.

**9 Stadtteilwochen**
Sommer, einzelne Stadtteile
In einzelnen Stadtteilen finden Kulturveranstaltungen mit Gastronomie statt.

**10 Lange Nächte**
www.muenchner.de
Lange Nacht der Musik (Mai), Lange Nacht der Museen (Okt) …

# Stadtteile

Blick über die Münchner Altstadt mit
Frauenkirche *(links)* und Rathaus

# TOP10 Südliche Altstadt

Neues Rathaus am Marienplatz

Drei noch erhaltene Stadttore markieren die Grenze der südlichen Altstadt: das Karlstor am Stachus, das Sendlinger Tor und das Isartor. Im Zentrum der Altstadt liegt der Marienplatz. Der einstige mittelalterliche Korn- und Salzmarkt ist heute ein zentraler Knotenpunkt. Einheimische treffen sich gern auf dem Platz, denn er ist unkompliziert aus allen Himmelsrichtungen erreichbar. In diesem Teil der Altstadt liegen außerdem die meisten Shopping-Areale, einschließlich Fußgängerzone und Viktualienmarkt. Besucher genießen auch das historische Flair dieses Viertels: In der südlichen Altstadt stehen einige der ältesten und interessantesten Gebäude Münchens.

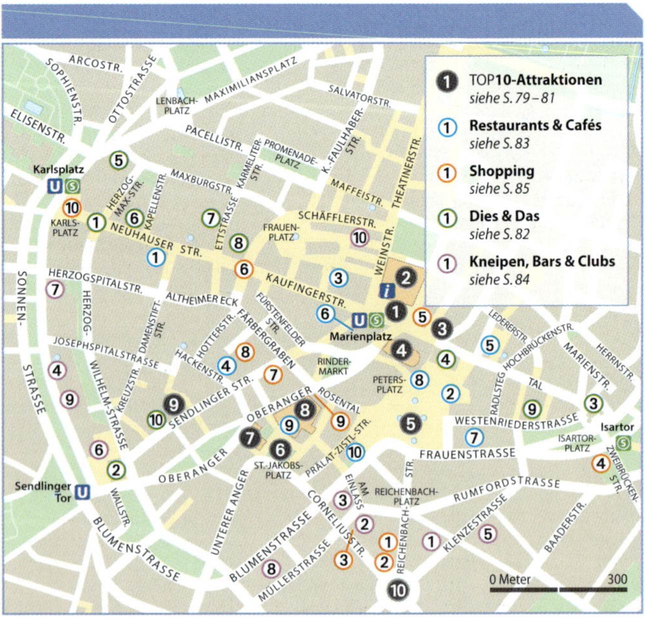

**1 Marienplatz**
Karte N3–4

Dominiert wird der Platz vom Neuen Rathaus – dagegen erscheint das gotische Alte Rathaus an der Ostseite schlicht. Die Mariensäule (1638) mitten auf dem Platz ist ein beliebter Treffpunkt, ebenso der Fischbrunnen. Er geht auf einen mittelalterlichen Marktbrunnen zurück, der heutige Brunnen (1863–65) stammt von Konrad Knoll. Jedes Jahr am Aschermittwoch wird hier ein Ritual von 1426 zelebriert: das Geldbeutelwaschen. Oberbürgermeister und Stadträte waschen ihre nach Fasching leeren Geldbeutel aus – es soll Glück bringen. Auf dem Marienplatz ist immer etwas los: Kundgebungen, Demos, Feste – und natürlich die Feiern am FC Bayern, die den Fans vom Balkon des Rathauses Pokale präsentieren.

Altes Rathaus

**2 Neues Rathaus**
Karte N3

Das Neue Rathaus, ein neugotischer Prachtbau, wurde 1867–1909 von Georg Hauberrisser errichtet. Hier hat der Oberbürgermeister sein Büro, über 600 Angestellte der Stadt arbeiten in den 400 Zimmern. Durch das Rathaus gibt es an mehreren Tagen Führungen. Mit dem Aufzug gelangt man auf die 85 Meter hohe Aussichtsplattform des Rathausturms (zu Führungen und Turmbesteigung *siehe S. 13*). Auf der Spitze des Turms steht das Münchner Kindl – ein Mönch, der die rechte Hand zum Segen erhoben hat, die linke hält ein Evanglienbuch. Zweimal täglich verursacht das Rathaus einen Menschenauflauf, dann nämlich, wenn das Glockenspiel erklingt (um 11 & 12, im Sommer auch um 17 Uhr). Mit seinen 43 von Solarstrom betriebenen Glocken ist es das fünftgrößte Glockenspiel Europas. Im Rathaus liegt auch die Touristeninformation.

**3 Altes Rathaus**
Karte N4

Das ältere Rathaus am Marienplatz entstand ab 1470 unter Baumeister Jörg von Halspach. Der Festsaal im ersten Stock besitzt ein spätgotisches Tonnengewölbe und ist mit Wappen verziert. Hier finden Festakte oder Preisverleihungen statt. Beim Umzug der Stadtverwaltung ins Neue Rathaus wurde das Erdgeschoss durch eine Durchfahrt und eine Passage zum Tal ersetzt. Im Turmbau residiert heute das Spielzeugmuseum *(siehe S. 13)*.

**4 Peterskirche**
Karte N4 ▪ Rindermarkt 1 ▪ Turm: *siehe S. 13* ▪ Eintritt

Die älteste Kirche der Stadt datiert bis ins 12. Jahrhundert zurück. Im Laufe der Zeit erfuhr sie zahlreiche stilistische Umbauten. Imposant ist der barocke Hochaltar (1730–34), in seiner Mitte befindet sich eine vergoldete Petrusfigur von Erasmus Grasser. Etwas skurril mutet die hl. Munditia an, deren Skelett in einem gläsernen Sarg liegt.

**Maria mit Kind, Mariensäule**

Synagoge Ohel Jakob *(links)* und Jüdisches Museum München *(rechts)*

Die Aussicht vom 91 Meter hohen Kirchturm (kein Lift!) ist grandios.

**⑤ Viktualienmarkt**
**Karte N4** ▪ **Mo – Sa 8 – 20 Uhr (ausgenommen Gastronomie)**
Der 1807 entstandene Viktualienmarkt strömt eine ganz besondere Atmosphäre aus. Aus dem ehemaligen Bauernmarkt entstand allmählich ein – nicht ganz billiger – Einkaufsort für Gourmets. Zum Markt gehören ein Biergarten und sechs Brunnen mit Figuren von Münchner Originalen. Am Faschingsdienstag führen die Standlfrauen ihren berühmten »Tanz der Marktfrauen« auf.
  Direkt am Südende stehen das Wirtshaus Der Pschorr und die wiederaufgebaute Schrannenhalle von 1853, in der die Feinkostkette Eataly italienische Leckereien anbietet.

Frauentracht (um 1840), Münchner Stadtmuseum

**⑥ Synagoge Ohel Jakob**
**Karte M4** ▪ St.-Jakobs-Platz 18
▪ +49 89 202 40 01 00 (Führungen)
Münchens Hauptsynagoge Ohel Jakob wurde am 9. November 2006 eingeweiht. Der Entwurf, zwei aufeinandergestellte Kuben (ein massiver Travertin-Sockel und ein gläserner filigraner Aufbau mit Metallnetz), stammt vom Architekturbüro Wandel Höfer Lorch. Die Synagoge ist Blickfang eines Ensembles, das auch das Jüdische Museum und das Gemeindezentrum umfasst. Besucher erreichen die Synagoge über den unterirdischen »Gang der Erinnerung« vom Gemeindezentrum aus.

**⑦ Jüdisches Museum München**
**Karte M4** ▪ St.-Jakobs-Platz 16
▪ +49 89 23 39 60 96 ▪ Di – So 10 – 18 Uhr ▪ Eintritt ▪ www.juedischesmuseum-muenchen.de
Das 2007 eröffnete Museum, ein frei stehender Kubus mit umlaufender Verglasung im Erdgeschoss, präsentiert in der Dauerausstellung »Stimmen – Orte – Zeiten« jüdische Geschichte und Kultur in München. Zudem gibt es Sonderausstellungen.

**⑧ Münchner Stadtmuseum**
**Karte M4** ▪ St.-Jakobs-Platz 1
▪ +49 89 23 32 23 70 ▪ Di – So 10 – 18 Uhr ▪ Eintritt
▪ www.muenchnerstadtmuseum.de
Das Museum in mehreren Gebäuden (u. a. im einstigen Zeughaus) informiert über die Stadt- und Kulturgeschichte in fünf Dauerausstellungen, u. a. sind hier die Moriskentänzer von Erasmus Grasser zu sehen. Das Filmmuseum des Stadtmuseums zeigt Filmprogramme und ist für seine Stummfilmrekonstruktionen bekannt *(siehe S. 54)*.

**⑨ Asamkirche & Asam-Haus**

**Karte M4 ▪ Sendlinger Straße 32 bzw. 34 ▪ tägl. 8 – 17.30 Uhr (Kirche)**

1729 – 33 erwarb Egid Quirin Asam vier Liegenschaften in der Sendlinger Straße. Hier baute er ab 1733 sein reich stuckiertes Wohnhaus (nicht zugänglich) und zusammen mit seinem Bruder Cosmas Damian die Asamkirche (St. Johann Nepomuk). Der spätbarocke Bau war als Privatkirche geplant – vom Asam-Haus aus konnte man direkt auf den Hochaltar blicken –, doch vor der Erteilung der Bauerlaubnis erzwangen die Münchner den öffentlichen Zugang. Die zwischen Häusern eingezwängte Kirche quillt von Stuck und Fresken über. Der Kirchenraum erhält durch versteckte Fenster nur wenig Licht, was eine quasi mystische Stimmung evoziert *(siehe S. 44)*.

**Blick auf das Rondell des Gärtnerplatzes**

**⑩ Gärtnerplatz**
**Karte N4 – 5**

Der sechseckige Platz wurde 1860 angelegt und ist nach dem Architekten Friedrich von Gärtner benannt. Der zentrale Brunnen und die Blumenbeete verleihen ihm ein mediterranes Flair. An seinem Südende wurde 1865 das spätklassizistische Staatstheater am Gärtnerplatz *(siehe S. 52)* errichtet. Der Platz mit seinen Cafés ist Zentrum des Gärtnerplatzviertels, das viele nette Läden *(siehe S. 68)* und hippe Lokale aufweist. Die Gegend ist eine beliebte Ausgehmeile und mit dem angrenzenden Glockenbachviertel Teil der Münchner Schwulen- und Lesbenszene.

**Spaziergang**

▶ **Vormittags**

Starten Sie den Tag mit einem Kaffee im **Cotidiano** (Gärtnerplatz 6) mit Blick auf das **Staatstheater am Gärtnerplatz** und den namengebenden Platz. Bummeln Sie danach durch die Straßen, die sternförmig vom **Gärtnerplatz** abgehen, und entdecken Sie viele kleine Läden. Von der Rumfordstraße biegen Sie links in die Utzschneiderstraße. Vor sich sehen Sie dann bereits die Schrannenhalle, nun eine Niederlassung der **Eataly**, in der sich alles um italienische Lebensmittel dreht. Kaufen Sie sich entweder hier eine Kleinigkeit zu essen, oder suchen Sie sich etwas aus dem vielfältigen Angebot auf dem **Viktualienmarkt** aus, wo Sie dann Ihre Mittagspause im dortigen Biergarten genießen können.

**Nachmittags**

Nach dieser Stärkung gehen Sie die Prälat-Zistl-Straße entlang und biegen rechts auf den Sankt-Jakobs-Platz mit der Synagoge, dem **Jüdischen Museum** und dem Münchner Stadtmuseum. Besuchen Sie die Dauerausstellung »Typisch München!« im Stadtmuseum. Anschließend spazieren Sie den Oberanger entlang und biegen rechts auf die Schmidstraße, die Sie zur **Sendlinger Straße** führt. Hier entdecken Sie die **Asamkirche** und das Asam-Haus. Gehen Sie nun nach Norden Richtung **Marienplatz**, wo um 17 Uhr (März – Okt) das berühmte Glockenspiel am Neuen Rathaus auf Sie wartet. Suchen Sie sich für das Abendessen einen Platz in einem der Wirtshäuser im **Tal** oder rund um den Viktualienmarkt.

**Siehe Karte S. 78**

# Dies & Das

**(1) Karlstor & Stachus**
**Karte M3**
Am Karlsplatz/Stachus mit seinen Fontänen und dem mittelalterlichen Karlstor endet die am Marienplatz beginnende Fußgängerzone.

**(2) Sendlinger Tor**
**Karte M4**
Das mit wildem Wein bewachsene Stadttor (1318) ist der südliche Eingang zur Sendlinger Straße.

**(3) Isartor**
**Karte N4 ■ Tal 50 ■ +49 89 22 32 66 ■ Mo, Di, Do – So 11.01–17.59 Uhr ■ Eintritt ■ www.valentin-musaeum.de**
Das Valentin Karlstadt Musäum im Südturm des Isartors (13./14. Jh.) ist Karl Valentin und seiner kongenialen Partnerin Liesl Karlstadt gewidmet. Das Turmstüberl, möbliert im Stil der Jahrhundertwende, fungiert als Museumscafé.

**(4) Heilig-Geist-Kirche**
Die Kirche beim Viktualienmarkt gehört zu den ältesten der Stadt *(siehe S. 45)*.

**(5) Künstlerhaus**
**Karte M3 ■ Lenbachplatz 8**
Das Künstlerhaus (1892–1900) am Lenbachplatz war ein Künstlertreff, heute gibt es hier kulturelle Events.

**Heilig-Geist-Kirche am Viktualienmarkt**

**Karlstor, Ende der Fußgängerzone**

Im Erdgeschoss liegt das Restaurant Osteria, im Obergeschoss das Grill.

**(6) Bürgersaalkirche**
**Karte M3 ■ Neuhauser Straße 14**
Der Bürgersaal (um 1700) wurde ab 1778 von der Marianischen Männerkongregation als Kirche genutzt.

**(7) Michaelskirche**
Die Jesuitenkirche in der Fußgängerzone ist ein Paradebeispiel der Renaissance *(siehe S. 44)*.

**(8) Deutsches Jagd- und Fischereimuseum**
**Karte M3 ■ Neuhauser Straße 2 ■ +49 89 22 05 22 ■ Do – So 9.30 – 17 Uhr ■ Eintritt**
Neben Jagd- und Fischerei-Exponaten gibt es auch diverse Wolpertinger.

**(9) Bier- und Oktoberfestmuseum**
**Karte N4 ■ Sterneckerstr. 2 ■ +49 89 24 23 16 07 ■ Di – Sa 13–18 Uhr ■ Eintritt**
Das Museum in einem Haus von 1327 präsentiert Münchner Biergeschichte sowie allerlei zur Wiesn.

**(10) Ignaz-Günther-Haus**
**Karte M4 ■ St.-Jakobs-Platz 20**
Das spätgotische Haus (16. Jh.) war Wohnhaus und Atelier des Bildhauers Ignaz Günther (1725–1775).

# Restaurants & Cafés

**Preiskategorien**
Preis für ein Drei-Gänge-Menü (oder Vergleichbares) pro Person mit einem Glas Wein oder Bier inkl. Steuern und Service.

€ unter 30 € ■ €€ 30 – 60 € ■ €€€ über 60 €

**1 Zum Augustiner**
Karte M3 ■ Neuhauser Str. 27 ■ +49 89 23 18 32 57 ■ €
Das Lokal mit Muschelsaal und Arkadengarten serviert Bayrisches.

**2 Bratwurstherzl**
Karte N4 ■ Dreifaltigkeitsplatz 1 ■ +49 89 29 51 13 ■ So geschl. ■ €
Bayrische Klassiker wie saures Kalbslüngerl oder Saure Zipfel.

**3 Nürnberger Bratwurst Glöckl am Dom**
Karte M3 ■ Frauenplatz 9 ■ +49 89 291 94 50 ■ www.bratwurst-gloeckl.de ■ €
Hier gibt es u. a. die berühmten Rostbratwürste mit Kraut.

**4 Prinz Myshkin**
Karte M4 ■ Hackenstraße 2 ■ +49 89 26 55 96 ■ €
Exzellente vegan-vegetarische Küche unter hohen Gewölbedecken.

**5 Schneider Bräuhaus**
Karte N4 ■ Tal 7 ■ +49 89 290 13 80 ■ www.schneider-brauhaus.de ■ €

Dezentes Ambiente: Prinz Myshkin

Münchner Küche, wie sie sein soll: Innereien, Gschwollene, Schweinsbraten – dazu Schneider Weisse.

**6 Café Glockenspiel**
Karte N3 ■ Marienplatz 28 (Eingang Rosenstr.) ■ +49 89 26 42 56 ■ €€
Über den Dächern des Marienplatzes gibt es hausgemachte Kuchen und abends Internationales.

Schneider Bräuhaus

**7 Café Fräulein**
Karte N4 ■ Frauenstraße 11 ■ +49 89 20 32 07 10 ■ €
Kleines Tagescafé mit leckeren Kuchen und legendären Zimtschnecken sowie einigen Bio-Gerichten.

**8 Café Rischart**
Karte N4 ■ Viktualienmarkt 2 ■ +49 89 23 17 00 33 30 ■ €
Das Café an der historischen Metzgerzeile hat eine schöne Aussichtsterrasse. Gleich um die Ecke liegt das Stammhaus am Marienplatz.

**9 Stadtcafé**
Karte M4 ■ St.-Jakobs-Platz 1 ■ +49 89 26 69 49 ■ €
Hier trifft man tagsüber Museumsbesucher und abends Szene-Publikum. Schöner Innenhof-Biergarten.

**10 Der Pschorr**
Karte N4 ■ Viktualienmarkt 15 ■ +49 89 442 38 39 40 ■ €€
Wirtshaus, Biergarten und Terrasse: Der Pschorr am Viktualienmarkt bietet bayrische Küche mit regionalen Produkten und Bierkultur.

Siehe Karte S. 78 ←

# Kneipen, Bars & Clubs

Konzert im Kilians Irish Pub

**1 Niederlassung**
Karte N4 ▪ Buttermelcherstraße 6 ▪ +49 89 32 60 03 07 ▪ Mo geschl.
Die nette, gemütliche Kneipe hat ein riesiges Gin-Sortiment (über 50 Labels). Happy Hour für Cocktails ist von 19 bis 21 und ab 24 Uhr.

**2 Paradiso Tanzbar**
Roter Samt, Spiegel und Kristalllüster – das plüschige Ambiente war Hintergrund für Freddie Mercurys *Living on my Own (siehe S. 56)*.

**3 Buena Vista Bar**
Karte N4 ▪ Am Einlass 2a ▪ +49 89 26 02 28 11 ▪ Mo geschl.
Kuba mitten in München, Che hängt groß über der Bar, dazu gibt es Musik à la Buena Vista Social Club (Happy Hour 18–20 Uhr). Zu essen gibt es u. a. Tapas.

**4 Café Kranich**
Karte L4 ▪ Sonnenstraße 19 ▪ +49 89 54 54 07 80
Perfekte Lage für eine Pause beim Stadtbummel: Zwischen Stachus und Sendlinger Tor findet sich dieses Café mit großer Terrasse.

**5 Klenze 17**
Karte F5 ▪ Klenzestraße 17 ▪ +49 89 25 54 42 77
Gemütliche Kneipe mit überschaubarer, aber solider Auswahl an Gerichten und bodenständigem Flair.

**6 Kennedy's Bar & Restaurant**
Karte M4 ▪ Sendlinger-Tor-Platz 11 ▪ +49 89 59 98 84 60
Das Lokal mit Live-Musik (und Karaoke-Abenden) ist ein Mix aus Restaurant und Irish Pub. Biergarten.

**7 Bohne & Malz**
Karte M3 ▪ Sonnenstraße 11 ▪ +49 89 55 71 79
Restaurant, Bar und Café unter einem Dach mit Frühstück, herzhaften Gerichten und Cocktails.

**8 Bar zur Feuerwache**
Karte F5 ▪ Blumenstraße 21a ▪ +49 89 260 44 30
Kleine Bar mit guten Snacks. Happy Hour jeden Tag von 11 bis 17 Uhr.

**9 Milchbar**
Karte M4 ▪ Sonnenstraße 27 ▪ +49 89 450 28 80 ▪ Mo – Sa ab 22 Uhr ▪ www.milchundbar.de
In dem Club legen DJs von House bis Elektro auf. Montags ist Blue Monday mit 1980er-Party.

**10 Kilians Irish Pub**
Karte N3 ▪ Frauenplatz 11 ▪ +49 89 24 21 98 99
Irische Gastlichkeit mit Irish Stew, Guiness und Live-Musik.

An der Bar daheim in der Milchbar

# Shopping

**(1) Kauf Dich Glücklich**
Karte N4 ▪ Reichenbachstr. 14
Einer von zwei Läden in München mit hippen Klamotten kleiner Designer und größerer Marken. Es gibt auch ein Sortiment an Schuhen sowie Musik und Geschenke.

**(2) Blutsgeschwister**
Karte N4 ▪ Gärtnerplatz 6
Der Flagshipstore in München hat den Namen German Schickeria (jeder Store hat einen anderen Namen). In bester Lage am Gärtnerplatz warten Kleider und Accessoires auf neue Besitzerinnen.

Blutsgeschwister German Schickeria

**(3) CHI*KA so kind**
Karte N4 ▪ Müllerstraße 1
Hier gibt es liebevoll ausgewählte Kindersachen, ökologische Kinder-

**Spielsachen im CHI*KA**

und Babybekleidung aus kleinen Designwerkstätten, Spielzeug mit kreativem Design und Lernanspruch ...

**(4) Globetrotter**
Karte N4 ▪ Isartorplatz 8–10
In der Erlebnisfiliale gibt es alles für Outdoor-Fans – plus Kanu-Testbecken, Kältekammer, Kletterwand und das Kinderland.

**(5) Ludwig Beck**
Karte N3
▪ Marienplatz 11
Das »Kaufhaus der Sinne« ist ein Geschäft der etwas anderen Art

für Beauty, Fashion, Lingerie, Lifestyle, Wohnen, Papeterie und Musik.

**(6) Kaufingerstraße & Neuhauser Straße**
Karte M3
Die Fußgängerzone ist Münchens größte Shopping-Meile *(siehe S. 68)*.

**(7) Sendlinger Straße**
Karte M4
Die eher traditionelle Einkaufsstraße hat mit der HOFSTATT eine Shopping Mall *(siehe S. 68)*.

**(8) HOFSTATT**
Karte M4 ▪ Sendlinger Straße 10
Die Einkaufspassage (2013) mit Innenhöfen entstand auf dem einstigen Gelände der *Süddeutschen Zeitung*. Mode, Accessoires, Kosmetik, Delikatessen, Gastronomie.

**(9) Servus Heimat**
Karte M4 ▪ Sendlinger Straße 1
Keine üblichen Souvenirs, sondern witzige Kleinigkeiten für Fans von Bayern.

**(10) Stachus-Passagen**
Karte M3 ▪ Karlsplatz
58 Shops und Gastro im Untergeschoss der S-Bahn.

**Passage der HOFSTATT**

Siehe Karte S. 78

# TOP10 Nördliche Altstadt

Die nördliche Altstadt umfasst das Areal nördlich des Marienplatzes bis auf Höhe des Altstadtrings. Hier liegen die Frauenkirche, die Theatinerkirche und die Residenz mit Hofgarten. Auch einige sehenswerte Plätze finden sich hier: der Promenadeplatz mit seinen Denkmälern und dem Hotel Bayerischer Hof, der parkähnliche Maximiliansplatz, ein Party-Zentrum der Stadt, und der Odeonsplatz. Auf Letzterem stand einst das Schwabinger Tor, Teil der zweiten Stadtbefestigung. Es wurde 1817 abgerissen, um die Achse Odeonsplatz – Ludwigstraße zu schaffen. Ein kleiner Platz ist aber weitaus bekannter: Er heißt Platzl – dort steht das berühmte Hofbräuhaus.

Türme der Frauenkirche

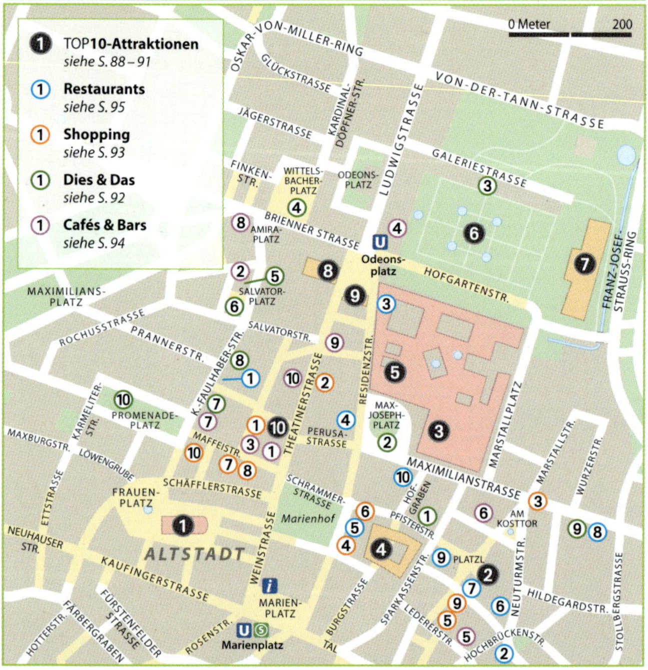

**Vorhergehende Doppelseite** Antiquarium – prachtvoller Renaissance-Saal in der Residenz

**1** **Frauenkirche**
Karte M3

Vom Marienplatz gelangt man über Weinstraße und Sporerstraße zur Frauenkirche. Der riesige Bau sollte ursprünglich von gotischen Spitztürmen gekrönt werden, doch es fehlte an Geld. 36 Jahre später wurden die »welschen Hauben« hinzugefügt, quasi die Ahnen aller bayrischen Zwiebeltürme *(siehe S. 14f)*.

**2** **Platzl & Hofbräuhaus**
Karte N3 ▪ Platzl 9
▪ +49 89 29 01 36 100 ▪ Mo – Fr 11 – 24, Sa, So 10.30 – 24 Uhr
▪ www.hofbraeuhaus.de

Das Hofbräuhaus (1897) entstand aus einer Brauerei (Hofbräu), die von Wilhelm V. 1589 gegründet worden war. Die Marke HB ist noch heute in bayrischer Hand. Die Schankstätte bietet in der Schwemme im Erdgeschoss Platz für 1000 Gäste. Im ersten Stock liegen ein Festsaal mit Tonnengewölbe sowie einige ruhigere Bierstuben. Zum Haus gehört auch ein schöner Biergarten. Ausgeschenkt wird natürlich Hofbräu.

**3** **Nationaltheater & Residenztheater**
Karte N3 ▪ Max-Joseph-Platz 2 ▪ +49 89 21 85 10 25 ▪ www.staatsoper.de
▪ Max-Joseph-Platz 1 ▪ +49 89 21 85 19 40 ▪ www.residenztheater.de
▪ Führungen in beiden Häusern

Nationaltheater, Sitz der Oper

Seit seiner Eröffnung 1818 ist das Nationaltheater Heimstatt der Oper. Unter Ludwig II. war das Theater Wirkungsstätte des Komponisten Richard Wagner. 1875 wurden die ersten Opernfestspiele veranstaltet, sie ziehen noch heute alljährlich im August Opernfreunde aus aller Welt an. Das Haus ist auch Bühne des Staatsorchesters und des Staatsballetts.

Nach der Zerstörung des Residenztheaters im Zeiten Weltkrieg entstand 1948 – 51 das Gebäude zwischen Residenz und Nationaltheater, seither Haupthaus des Bayerischen Staatsschauspiels. Im umgangssprachlich »Resi« genannten Theater sieht man meist Neuinszenierungen von Klassikern *(siehe S. 52)*.

Festsaal mit Tonnengewölbe im weltberühmten Hofbräuhaus

**Dianatempel im Hofgarten**

**④ Alter Hof**
**Karte N3** ▪ **Burgstraße 4**
▪ **Mo – Sa 10 –18 Uhr**
Nordöstlich des Marienhofs (hinter dem Neuen Rathaus) liegt der Alte Hof. Man gelangt von der Burgstraße mit ihren alten Bürgerhäusern durch ein Tor hinein. Die erste Residenz der Wittelsbacher innerhalb der Stadtmauern wurde 1253 – 55 erbaut. Der noch original erhaltene Westflügel besitzt ein wappenverziertes Pförtnerhäuschen. Erhalten hat sich auch noch ein Erkerfenster, der sogenannte Affenturm. Der Sage nach soll der Hofaffe den kleinen Ludwig IV., den späteren deutschen Kaiser, entführt haben und mit ihm auf die Spitze des Türmchens geklettert sein. Doch schließlich

brachte der Affe den Knaben wohlbehalten zurück. Im Gewölbekeller des Alten Hofs gibt es eine Dauerausstellung mit Informationen zur einstigen Residenz (Eintritt frei).
In weiteren Räumen des Anwesens sind Büros und das Informationszentrum für Besucher der Museen und Schlösser in Bayern untergebracht.

**⑤ Residenz**
**Karte N3**
Als der Alte Hof zu klein geworden war, wurde die Stadtschlossanlage als neue Residenz der Wittelsbacher errichtet (siehe S. 16f).

**⑥ Hofgarten**
**Karte N2 – 3**
Durch das Hofgartentor am Odeonsplatz kommt man in den Renaissance-Garten, der bei der Erweiterung der Residenz entstand (siehe S. 17)

**⑦ Staatskanzlei**
**Karte N2 – 3** ▪ **Franz-Josef-Strauß-Ring 1** ▪ **Führungen Mo – Fr**
▪ **+49 89 216 50 (Anmeldung)**
Die Bayerische Staatskanzlei (1993) hinter dem Hofgarten war lange ein Streitprojekt zwischen Stadt und Freistaat. Der heutige Komplex ist ein Mix aus saniertem Kuppelbau des einstigen Armeemuseums und gläsernem Neubau, der alle historischen Reste integriert.

**Bayerische Staatskanzlei mit integriertem Kuppelbau des früheren Armeemuseums**

**8** **Theatinerkirche**
Karte N3 ▪ Theatinerstraße 22
▪ tägl. ▪ Fürstengruft: Mai – 1. Nov:
Mo – Sa 11.30 – 15 Uhr

Die Hofkirche St. Kajetan, von den Münchnern Theatinerkirche genannt, wurde ab 1663 von Agostino Barelli begonnen, ab 1674 übernahm Enrico Zuccalli die Bauleitung. Gut 100 Jahre später entwarf François Cuvilliés die Rokoko-Fassade. In der Fürstengruft ruhen Wittelsbacher, darunter Kaiser Karl VII. *(siehe S. 45).*

**Barock und Rokoko: Theatinerkirche**

**9** **Feldherrnhalle**
Karte N3

Die Feldherrnhalle (1844) am Südende des Odeonsplatzes wurde von Friedrich von Gärtner im Auftrag von Ludwig I. nach dem Vorbild der Loggia dei Lanzi in Florenz erbaut. Die Standbilder der dreibogigen Halle stellen die bayrischen Feldherren Graf Tilly und Fürst Wrede dar. Zwei Löwen bewachen den Aufgang.

**10** **Kunsthalle der Hypo-Kulturstiftung**
Karte N3 ▪ Theatinerstraße 8 ▪ tägl.
10 – 20 Uhr (bei Ausstellungen)

Die Kunsthalle (2001) in den Fünf Höfen präsentiert drei bis vier hochkarätige Wechselausstellungen pro Jahr. Die Themen reichen von Auguste Rodin über Walt Disney bis zu den Königsgräbern der Skythen.

**Spaziergang**

▶ **Vormittags**

Diese Tour beginnt an der **Frauenkirche**. Nach einem Rundgang durch den Dom gehen Sie um das Gebäude herum zur Albertgasse. Am Ende der Gasse kommen Sie zum **Marienhof**. Wenn Sie ihn überqueren, gelangen Sie direkt zu **Dallmayr**. Nach dem Besuch des Delikatessenhauses wenden Sie sich nach rechts und biegen von der Dienerstraße in den Hofgraben. Gleich wieder rechts geht es durch den Alten Hof. Biegen Sie links ab. Von der Sparkassenstraße geht es nach wenigen Schritten links in die Münzstraße und wieder links zum weltberühmten **Hofbräuhaus** am **Platzl**. Gehen Sie über das Platzl weiter nach Norden zur Maximilianstraße. An schicken Läden entlang passieren Sie die **Staatsoper** und treffen schließlich auf die Theatinerstraße. Bei **aran Fünf Höfe** können Sie sich bei Kaffee und einem köstlichen Brot stärken.

**Nachmittags**

Nach der Pause können Sie in den **Fünf Höfen** shoppen oder die Kunsthalle besuchen. Nehmen Sie dann den Ausgang Kardinal-Faulhaber-Straße. Gehen Sie nach rechts, und sehen Sie sich **Salvatorkirche** und **Literaturhaus** an. Durch die Salvatorstraße geht es zurück zur Theatinerstraße. Wenn Sie sich links halten, gelangen Sie zum **Odeonsplatz** mit **Theatinerkirche** und **Feldherrnhalle**. Je nach Wetter können Sie den Nachmittag im **Hofgarten** oder in der **Residenz** verbringen. Lassen Sie den Tag im **Spatenhaus an der Oper** ausklingen.

**Siehe Karte S. 88**

# Dies & Das

**Markt am Wittelsbacherplatz**

mens-Konzernzentrale) und dem Reiterdenkmal Maximilians I.

**(5) Literaturhaus**
Karte N3 ▪ Salvatorplatz 1 ▪ www.literatur haus-muenchen.de
Das Literaturhaus in einem Renaissance-Schulhaus veranstaltet Lesungen und Ausstellungen. Im Erdgeschoss befinden sich Café und Brasserie OskarMaria.

**(1) Alte Münze**
Karte N3 ▪ Hofgraben 4
Nordöstlich vom Alten Hof liegt der Münzhof (1567). Der dreistöckige Renaissance-Arkadenhof war einst Marstall mit Pferdeställen, Remisen, Bibliothek und Kunstkammer von Albrecht V. Im 19. Jahrhundert war der Bau staatliches Münzamt.

**(2) Max-Joseph-Platz**
Karte N3
Der Platz mit dem Denkmal Maximilians I. Joseph direkt vor der Oper wurde ab 1820 angelegt. Im Sommer gibt es hier »Oper für alle« auf einer Riesenleinwand.

**(3) Deutsches Theatermuseum**
Karte N2 ▪ Galeriestraße 4a ▪ Zeiten siehe Website ▪ www.deutschestheater museum.de ▪ Eintritt
Das Museum in den Hofgartenarkaden sammelt deutsche Theatergeschichte. Bibliothek.

**(4) Wittelsbacherplatz**
Karte N2
Vom Odeonsplatz führt die Brienner Straße zum Wittelsbacherplatz mit dem Palais Ludwig Ferdinand (heute Sie-

**(6) Salvatorkirche**
Karte M3 ▪ Salvatorstraße 17
Die ehemalige Friedhofskirche (17. Jh.) der Frauenkirche ist seit 1829 griechisch-orthodox.

**(7) Palais Porcia**
Karte N3 ▪ K.-Faulhaber-Str. 12
Das Palais von 1693 besitzt eine Rokoko-Fassade von François Cuvilliés d. Ä.

**(8) Erzbischöfliches Palais**
Karte N3 ▪ K.-Faulhaber-Str. 12
Der auch Palais Holnstein (1737) genannte Amtssitz des Erzbischofs stammt ebenfalls von Cuvilliés d. Ä.

**(9) Münchner Kammerspiele**
Das Schauspielhaus ist ein Jugendstil-Juwel (siehe S. 52).

**(10) Promenadeplatz**
Karte M3
Der lange schmale Platz mit fünf Denkmälern war im Mittelalter Salzmarkt. An der Nordseite steht das berühmte Hotel Bayerischer Hof mit dem Palais Montgelas.

**Salvatorkirche**

# Shopping

Kugel *Sphere* im Viscardihof, Fünf Höfe

**1 Fünf Höfe**
Karte N3 ■ www.fuenfhoefe.de

Die elegante Shopping-Passage mit Gastronomie zieht jährlich ca. sieben Millionen Besucher an *(siehe S. 68)*.

**2 Theatinerstraße & Residenzstraße**
Karte N3

Die Einkaufsstraßen sind bei betuchten Modefans beliebt *(siehe S. 68)*.

**3 Maximilianstraße**
Karte N3

Sie ist die teuerste Shopping-Meile der Landeshauptstadt *(siehe S. 68)*.

**4 Dallmayr**
Karte N3 ■ Dienerstraße 14

Der ehemalige Hoflieferant beim Marienhof bietet Top-Delikatessen sowie eigene Kaffeeröstungen. Das Restaurant besitzt zwei Michelin-Sterne. Schönes Café-Bistro.

**5 OBACHT'**
Karte N4 ■ Ledererstraße 17

Der Laden um die Ecke vom Hofbräuhaus verkauft nette Artikel mit bayrisch-münchnerischem Touch, die sich gut als Geschenk eignen.

**6 Manufactum**
Karte N3 ■ Dienerstraße 12

Das Münchner Warenhaus der »guten Dinge« liegt – passenderweise – in den historischen Räumen des Alten Hofs, der ersten Residenz.

**7 L'Occitane**
Karte N3 ■ Maffeistraße 1

Alle Aromen der Provence – hier finden Sie die so hochwertigen wie sinnlichen Pflege- und Duftprodukte der weltweiten Kette.

**8 Elly Seidl**
Karte N3 ■ Maffeistraße 1

Viele Münchnerinnen und Münchner schwören auf die handgefertigten Pralinen des Familienbetriebs (seit 1918). Ein Paradies für Naschkatzen.

**9 Fan-Shops: FC Bayern & TSV 1860 München**
Karte N3 ■ Orlandostraße 1 bzw. 8

Trikots und mehr: Die Fußball-Devotionalien der beiden Vereine gibt es in der Nähe des Hofbräuhauses. Hier liegen sich die beiden Shops fast gegenüber.

**10 LODENFREY**
Karte N3 ■ Maffeistraße 7

Ein gefragte Adresse für Trachtenmode vom Dirndl bis zur Lederhose. Internationale Mode und Designerkollektionen ergänzen das Sortiment.

Stammhaus von Dallmayr

Siehe Karte S. 88

# Cafés & Bars

Terrasse der Brasserie OskarMaria vor dem Literaturhaus

**①  Café Kreutzkamm**
Karte N3 ▪ Maffeistraße 4

Hier gibt es Pralinen und Teegebäck vom Feinsten – das Café im alten Stil ist der richtige Ort für Tortenfans.

**②  Brasserie OskarMaria**
Karte N3 ▪ Salvatorplatz 1

Die Café-Abteilung des OskarMaria im Literaturhaus serviert auf Design-Geschirr (Zitate von Oskar Maria Graf). Hübsch ist es auf der Galerie. Im Sommer gibt es Tische im Freien.

**③  Schumann's Tagesbar**
Karte N3 ▪ Maffeistraße 6 ▪ So geschl.

Der Fünf-Höfe-Ableger des legendären Schumann's ist cool und modern. Tagescafé und Afterwork-Bar (bis 21 Uhr).

**④  Tambosi**
Karte N2 ▪ Odeonsplatz 18

Bar und Restaurant mit italienischer Tradition. Die Terrasse ist perfekt, um bei einem Drink den Blick auf den Odeonsplatz zu genießen.

**⑤  Bar Centrale**

Stilvolle italienische Retro-Bar – morgens trinkt man hier Espresso, abends einen Gimlet (siehe S. 63).

**⑥  Pusser's Bar**
Karte N3 ▪ Falkenturmstraße 9

Pusser's ist eine klassische Pianobar, die über 200 Cocktails bietet.

**⑦  Barista**
Karte N3 ▪ Kardinal-Faulhaber-Straße 11 ▪ So geschl.

Die Souterrain-Bar in den Fünf Höfen ist ab mittags eine freundliche Tagesbar mit gehobenem Essen. Am Abend wird das Barista zur Cocktailbar.

Cocktail

**⑧  Café Luitpold**
Karte N2 ▪ Brienner Straße 11

Das einstige Kaffeehaus wurde nach dem Krieg mit Palmengarten wiederaufgebaut. Hier gibt es hausgemachte Pralinen, Kuchen und Tagesgerichte. Hübscher Innenhof und traumhafter Wintergarten.

**⑨  Café Maelu**
Karte N3 ▪ Theatinerstraße 32

Von Macarons bis Törtchen – das Tagescafé in der Theatiner-Passage bietet grandiose Confiserie.

**⑩  aran Fünf Höfe**
Karte N3 ▪ Theatinerstraße 12 ▪ So geschl.

Klein, aber fein – mit gesundem Brot, süßen Sünden und Eis. Auch vegane und glutenfreie Kuchen.

# Restaurants

**1 Pageou**
■ €€€

Ali Günqörmüş kocht hier orientalisch inspiriert *(siehe S. 60)*.

**2 Buffet Kull**
Karte N4 ■ Marienstraße 4
■ +49 89 22 15 09 ■ €€

Das Lokal mit Bistro-Flair bietet ambitionierte mediterrane Küche.

**3 Pfälzer Residenz Weinstube**
Karte N3 ■ Residenzstr. 1 ■ +49 89 242 29 10 ■ €

In den Räumen der Residenz (sechs Stuben, Viersäulen-Saal und Kaiserhof) gibt es Spezialitäten wie Saumagen – und dazu die besten Weine aus der Pfalz. Tische im Freien.

**4 Spatenhaus an der Oper**
■ €€

Gegenüber der Oper isst man gutbürgerlich *(siehe S. 66)*.

**5 Restaurant Alois**
Karte N3 ■ Dienerstr. 14
■ +49 89 213 50 ■ So geschl. ■ €€€

Im Restaurant des traditionsreichen Delikatessenhauses Dallmayr wer-

Hofbräuhaus am Platzl

**Preiskategorien**
Preis für ein Drei-Gänge-Menü (oder Vergleichbares) pro Person mit einem Glas Wein oder Bier inkl. Steuern und Service.
............................................................
€ unter 30 €   €€ 30 – 60 €   €€€ über 60 €

den zwei grandiose Sechs- und Acht-Gänge-Menüs serviert.

**6 Matsuhisa Munich**
■ €€€

Das einzige deutsche Restaurant von Nobu Matsuhisa serviert exquisite Fusionsküche *(siehe S. 61)*.

**7 Hofbräuhaus**
■ €

Im Hofbräuhaus gibt es neben Schweinshaxe und Co. auch vegetarische Gerichte *(siehe S. 89)*.

**8 Kulisse Theater-Restaurant**
Karte N3 ■ Maximilianstraße 26
■ +49 89 29 47 28 ■ €–€€

Restaurant, Café und Bar: Seit über 60 Jahren serviert die Kulisse in den Kammerspielen frische saisonale Gerichte in kultiviertem Ambiente. Tische im Freien.

**9 Restaurant Pfistermühle**
Karte N3 ■ Pfisterstraße 4 ■ +49 89 23 70 38 65 ■ So & Mo geschl. ■ €€–€€€

Im Gewölbe der ehemaligen herzoglichen Mühle (16. Jh.) wird bayrische Spitzenküche geboten. Mittags gibt es das Pfistermühlen-Brettl, ein Express-Menü für 20 Euro. Die vier Gänge werden innerhalb von 15 Minuten serviert.

**10 Azuki**
Karte N3 ■ Hofgraben 9/Ecke Maximilianstraße ■ +49 89 41 32 75 60 ■ €€

In der ehemaligen Residenzpost mit wunderschönen Arkaden (Klenze-Loggia) zur Maximilianstraße hin serviert dieses Restaurant Gerichte aus Japan und Vietnam.

Siehe Karte S. 88

# ⬛TOP10 Museumsviertel

Das Museumsviertel (offiziell: Kunstareal München) liegt in der Maxvorstadt und grenzt südlich an das Universitäts-viertel an. Das Gebiet umfasst mit den drei Pinakotheken, dem Museum Brandhorst, dem Staatlichen Museum Ägyp-

tischer Kunst und dem NS-Dokumen-tationszentrum eine Reihe erstklassi-ger Kulturstätten. Gleich um die Ecke am weitläufigen Königsplatz liegen Glyptothek, Antikensammlungen und Lenbachhaus. Diverse kleinere Sammlungen und einige staatliche naturwissenschaftliche Museen wie etwa das Paläontologische Museum befinden sich ebenfalls in unmittel-barer Nähe. Hinzu kommen mehrere private Galerien. Hier können Sie ganze Tage verbringen.

Griechiche Keramik, Staat-liche Antikensammlungen

Städtische Galerie im Lenbachhaus

### ① Städtische Galerie im Lenbachhaus
Karte L2 ▪ Luisenstraße 33 ▪ +49 89 23 39 69 33 ▪ Mi – So 10 – 18 Uhr (Di bis 20 Uhr) ▪ Eintritt ▪ &
▪ www.lenbachhaus.de

Die Villa Franz von Lenbachs (1887–91) besteht aus Wohntrakt, Atelierflügel, einem später angefügten Flügel und dem historischen Garten. Bei der Sanierung 2009 –13 kam ein golden leuchtender Messingkubus hinzu. Die berühmte »Blauer Reiter«-Sammlung und andere Werke können nun in neuem Licht betrachtet werden – weltweit einzigartig bei Tageslicht und LED-Leuchtdioden. Zum Museum gehören der Kunstbau im Zwischengeschoss der U-Bahn sowie das Café & Restaurant Ella.

### ② Königsplatz
Karte LM2

Den weitläufigen Königsplatz verdankt München Ludwig I. 1816 – 62 entstanden unter Leo von Klenze die dorischen Propyläen, die ionische Glyptothek und die korinthischen Antikensammlungen. In der Nazi-Zeit diente der Platz als Aufmarschrampe. Heute werden hier im Sommer Open-Air-Events (v. a. Konzerte) verantaltet.

### ③ Staatliche Antikensammlungen
Karte LM2 ▪ Königsplatz 1 ▪ +49 89 28 92 75 02 ▪ Di – So 10 –17 Uhr (Mi bis 20 Uhr) ▪ Eintritt ▪ www.antike-am-koenigsplatz.mwn.de

Die Antikensammlungen stellen griechische, etruskische und römische Vasen, Bronzen, Terrakotten, Glas und Schmuck aus – vom 3. Jahrtausend v. Chr. bis zum 5. Jahrhundert n. Chr.

### ④ Glyptothek
Karte M2 ▪ Königsplatz 3 ▪ Telefon & Website wie oben ▪ Di – So 10 –17 Uhr (Do bis 20 Uhr) ▪ Eintritt

Münchens ältestes öffentliches Museum ist das weltweit einzige, das sich allein auf antike Skulpturen konzentriert. Highlights sind die 2500 Jahre alten Ägineten, die Augustus-Büste und der spektakulär-laszive Baberinische Faun. Das Café (mit Sphinx) liegt in Saal VIII, es hat auch Tische im Innenhof.

Studenten vor der Glyptothek

**Pinakothek der Moderne**

### ⑤ NS-Dokumentations-zentrum

Karte M2 ▪ Max-Mannheimer-Platz 1
▪ +49 89 23 36 70 00 ▪ Di–So 10–
19 Uhr ▪ Eintritt ▪ ♿ ▪ www.
ns-dokuzentrum-muenchen.de

Hier wird Münchens Vergangenheit
als »Hauptstadt der Bewegung« auf-
gearbeitet. Das 2015 eröffnete Zentrum, ein kubischer Bau aus weißem
Sichtbeton, steht auf historischem
Grund: am einstigen Standort des
»Braunen Hauses«, der Parteizen-
trale der NSDAP. Die Dauerausstellung »München und der Nationalsozialismus« umfasst Fotografien,
Dokumente, Texte, Filmprojektionen
und Medienstationen.

### ⑥ Staatliches Museum Ägyptischer Kunst

Karte M2 ▪ Gabelsbergerstr. 35 ▪ +49
89 28 92 76 30 ▪ Di 10–20, Mi–So 10–
18 Uhr ▪ Eintritt ▪ ♿ ▪ www.smaek.de

5000 Jahre ägyptische Geschichte:
Der Eingang zum neuen Museum
(2013) auf dem Gelände der Hochschule für Fernsehen und Film erinnert an den Eingang zu einer Grab-
kammer im Tal der Könige, er führt
in unterirdisch gelegene Säle um
einen versenkten Innenhof. Wenn
man die lange Rampe zum Ausstel-
lungsbereich hinuntergeht, kommt
man direkt zu einer faszinierenden
Stand-Schreitfigur des falkenköpfi-
gen Gottes Horus. Weitere Highlights sind u. a. ein Gesichtsfragment
des Echnaton, die Sargmaske der
Königin Sat-djehuti und die Würfel-
statue des Bekenchons.

### ⑦ Alte Pinakothek

Leo von Klenzes lang ge-
streckter Bau (1836) hat große,
durch Oberlicht beleuchtete Säle
und kleinere Kabinette auf der Nordseite – damals ein Vorbild für andere
Museumsbauten. Im Zweiten Weltkrieg wurde die Alte Pinakothek
schwer beschädigt, aber bis 1957
wiederaufgebaut. Fehlende Fassa-
denteile wurde nicht rekonstruiert,
sondern durch unverputztes Ziegel-
mauerwerk ersetzt. Auf den Grün-
flächen gibt es eine Skulpturenaus-
stellung. Das englisch geprägte Café
Klenze ehrt den Architekten *(siehe
S. 18f)*.

### ⑧ Neue Pinakothek

Die Neue Pinakothek (NP)
wurde 1981 nach Plänen Alexander
von Brancas an der Stelle ihres zer-

**Das farbenfrohe Museum Brandhorst**

störten Vorgängerbaus neu errichtet. Wegen umfassender Sanierung ist sie bis mindestens 2025 geschlossen. Eine Auswahl von Meisterwerken wird in der Alten Pinakothek *(siehe S. 18f)* gezeigt.

**⑨ Pinakothek der Moderne**

Das großzügige Gebäude (20 000 m²) nach Plänen von Stephan Braunfels wurde 2002 als Ort für die Kunst des 20. und 21. Jahrhunderts eröffnet. Die vier voneinander unabhängigen Sammlungen widmen sich den Themenfeldern Kunst, Grafik, Architektur und Design. Alle Säle sind um die zentrale Rotunde gruppiert. Das Café hat innen und außen Plätze *(siehe S. 19 & 20)*.

**Rubens-Saal in der Alten Pinakothek**

**⑩ Museum Brandhorst**

Karte M2 ◼ Theresienstraße 35a ◼ +49 89 238 05 22 86 ◼ Di – So 10 – 18 Uhr (Do bis 20 Uhr) ◼ Eintritt ◼ ♿ ◼ www.museum-brandhorst.de

Das 2009 eröffnete Museum ist ein irisierend vielfarbiger Langbau der Berliner Architekten Sauerbruch Hutton. Der polygonale Raum über dem Foyer wurde speziell für Cy Twomblys berühmten »Lepanto-Zyklus« entworfen. Schwerpunkte sind Cy Twombly mit 170 und Andy Warhol mit über 100 Werken. Auch zu sehen: Bruce Nauman, Gerhard Richter, Jeff Koons, Sigmar Polke, Damien Hirst, Alex Katz, Jannis Kounellis u. a. sowie Arbeiten von Medienkünstlern. Das Café im Zebra befindet sich im Foyer.

**Spaziergang**

**▶ Vormittags**

Nach einem Frühstück im **Café Lotti** in der Schleißheimer Straße sind Sie fit für die Museumstour. Gehen Sie die Gabelsbergerstraße entlang, bis Sie rechts in die Richard-Wagner-Straße einbiegen können. Schon gelangen Sie zum ersten Highlight, dem **Lenbachhaus**. Wie bei jeder der nächsten Stationen haben Sie die Wahl, sich die Sammlung anzusehen oder zum nächsten Museum weiterzuziehen. Wollen Sie weitergehen, wenden Sie sich nach links zum **Königsplatz** mit **Glyptothek** und **Antikensammlungen**. Geradeaus steuern Sie das **NS-Dokumentationszentrum** an. Folgen Sie der Brienner Straße, so gelangen Sie auf den **Karolinenplatz**. Hier biegen Sie links in die Barer Straße und finden sich zwischen Alter und **Pinakothek der Moderne** wieder. Überqueren Sie den Rasen vor der Pinakothek der Moderne, und bestaunen Sie die farbige Fassade des **Museum Brandhorst**. Gehen Sie um das Museum herum, und gönnen Sie sich ein Eis bei **Ballabeni**. Für den größeren Hunger gehen Sie weiter zum **Tresznjewski**.

**Nachmittags**

Folgen Sie der Theresienstraße, dann links der Barer Straße zur **Alten Pinakothek**. Interesse am alten Ägypten? Dann biegen Sie links in die Arcisstraße und gehen zum **Staatlichen Museum Ägyptischer Kunst**. Schließlich folgen Sie der Arcisstraße über die Katharina-von-Bora-Straße und lassen den Tag entspannt im **Park Café** ausklingen.

Siehe Karte S. 96 ←

# Dies & Das

**Tierskelette, Paläontologisches Museum**

**① Museum Reich der Kristalle**
Karte M1–2 ▪ Theresienstraße 41 ▪ Di – So 13 –17 Uhr ▪ Eintritt
Das Museum neben der Pinakothek der Moderne präsentiert Mineralien, Kristalle, Edelsteine, Meteoriten …

**② Paläontologisches Museum**
Karte L2 ▪ Richard-Wagner-Straße 10 ▪ Mo – Do 8 –16, Fr 8 –14 Uhr ▪ frei
Hier warten Fossilien aus allen Epochen der Erdgeschichte: u. a. Dinos, Mammuts, Säbelzahntiger und der Mühldorfer Urelefant.

**③ Basilika St. Bonifaz**
Karte L2 ▪ Karlstraße 34
Die Abteikirche von 1850 ist die Grabstätte von Ludwig I.

**④ Hochschule für Musik und Theater**
Karte M2 ▪ Arcisstraße 12
Die Hochschule im ehemaligen »Führerbau« ist die älteste Ausbildungsstätte für Musik- und Theaterberufe in Deutschland. Konzerte.

**⑤ Löwenbräukeller**
Das historische Haus (1883) besitzt mehrere Säle, einen Festsaal und einen großen Biergarten. Alljährlich im März ist Triumphator-Anstich (siehe S. 66f).

**⑥ Karolinenplatz**
Karte M2
Den kreisförmigen, mit Blumenbeeten geschmückten Platz mit Amerikahaus und Börse ziert ein schwarzer Obelisk, er erinnert an die Gefallenen im Russlandfeldzug von 1812.

**⑦ Alter Botanischer Garten**
Der ehemalige Botanische Garten ist heute eine Grünanlage, der imposante Neptunbrunnen ist an sonnigen Tagen ein beliebter Treffpunkt (siehe S. 47).

**⑧ Justizpalast**
Karte L2 ▪ Prielmayerstraße 7
Der von Friedrich Thiersch errichtete Bau (1890 – 97) mit Lichthof dominiert den Karlsplatz/Stachus.

**⑨ Lenbachplatz**
Karte M3
Am begrünten, nach Franz von Lenbach (siehe S. 41) benannten Platz mit klassizistischem Wittelsbacher Brunnen liegt das Künstlerhaus.

**⑩ Maximiliansplatz**
Karte M3
Um den parkartigen Platz mit mehreren Denkmälern liegen einige der angesagten Münchner Clubs.

**Traditionshaus Löwenbräukeller**

# Cafés & Restaurants

**(1) Park Café**
Karte L3 ▪ Sophienstraße 7
▪ +49 89 51 61 79 80 ▪ €€
Am Ort des abgebrannten Glaspa-
lasts residiert nun das Park Café
(1935). Schöner Biergarten.

**Preiskategorien**
Preis für ein Drei-Gänge-Menü (oder Vergleichbares) pro Person mit einem Glas Wein
oder Bier inkl. Steuern und Service.
€ unter 30 € ▪ €€ 30–60 € ▪ €€€ über 60 €

Außenbereich des Tresznjewski

**(2) Hans im Glück**
Karte L2 ▪ Luisenstraße 14
▪ +49 89 99 93 78 18 ▪ €
Das Burger-Paradies bietet Beläge
von Rindfleisch bis vegan.

**(3) Hamburgerei**
Karte L2 ▪ Brienner Straße 49
▪ +49 89 20 09 20 15 ▪ €
Hamburger mit frischen Zutaten
und knackigen Salaten.

**(4) Neo-Brasserie Hoiz**
Karte M2 ▪ Karlstraße 10
▪ +49 89 28 80 88 09 ▪ So & Feiertage geschl. ▪ €€
Hervorragende boden-
ständige Küche in ge-
mütlichem Ambiente.

**(5) Café Puck**
Karte F3 ▪ Türken-
straße 33 ▪ +49 89
280 22 80 ▪ €

Café und Bar unter einem Dach.
Bekannt ist das Puck für reichhal-
tiges Frühstück mit goldbraunen
Pancakes und fluffigen Brioches.

**(6) King Masala**
Karte L1 ▪ Augustenstraße 52
▪ +49 89 52 35 05 35 ▪ €
King Masala gehört zu den neues-
ten indischen Lokalen in München.
Neben Klassikern auch Salate, Desserts und Lassi (süß und salzig).

**(7) Café Lotti**
Karte L1 ▪ Schleißheimer Straße
13 ▪ +49 89 61 51 91 97 ▪ €
Das Wohnzimmercafé in Rosa bietet
Frühstück und leichte Gerichte.

**(8) Café Jasmin**
Karte L1 ▪ Steinheilstraße 20
▪ +49 89 45 22 74 06 ▪ €
Möbel aus den Fifties, Panorama-
tapete und Rüschengardinen – Frühstück, Kuchen und Mittagsgerichte
sind aber oft bio. Gute Cocktails.

**(9) Tresznjewski**
Karte M1 ▪ Theresienstraße 72
▪ +49 89 28 23 49 ▪ €
Hier kann man draußen und
drinnen frühstücken, zu Mittag
und zu Abend essen und
nachts Cocktails genießen.

**(10) Kaffeerös-
terei Leone**
Karte L2 ▪ Augus-
tenstraße 25 ▪ +49 89
45 23 49 85 ▪ €
Grandioser Kaffee und
dazu Nougatstan-
gen, Pralinen
und Kuchen sowie
Snacks wie Toasts
und Suppen.

Hans im Glück

Siehe Karte S.96

# TOP10 Schwabing & Universitätsviertel

Das Universitätsviertel mit Ludwig-Maximilians-Universität und Teilen der Technischen Universität gehört zur Maxvorstadt, die Anfang des 19. Jahrhunderts mit der Erweiterung der Altstadt nördlich und westlich des Odeonsplatzes entstand. Schwabing war ein Dorf, das 1890 nach München eingemeindet wurde, zu dieser Zeit avancierte es zum Künstler- und Intellektuellenviertel. Gemeinhin gilt das Siegestor als Eingang nach Schwabing – doch das »Schwabinger Gefühl« reicht bis in die Maxvorstadt hinein.

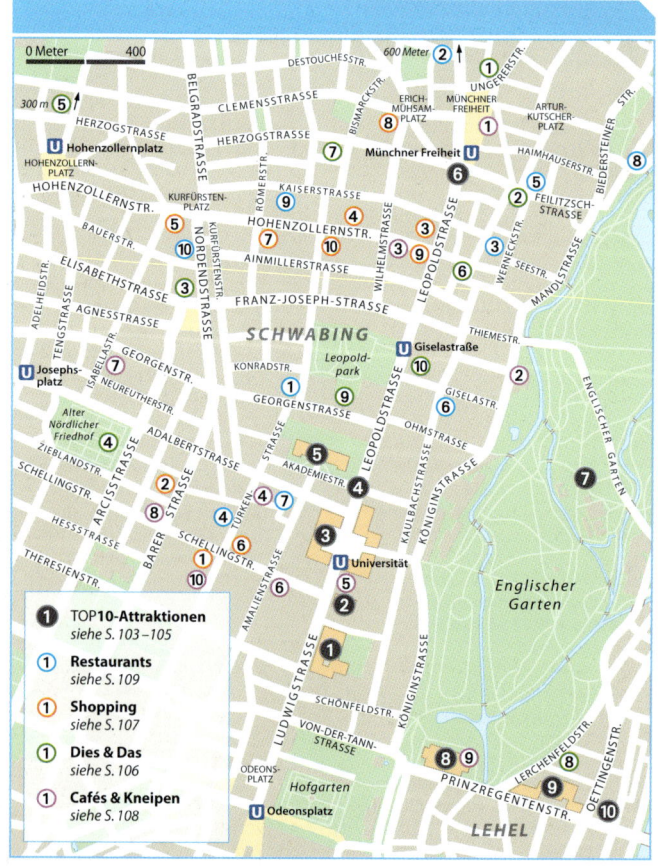

Siegestor, der Münchner Triumphbogen, bei Nacht

**① Bayerische Staatsbibliothek**

Karte N2 ■ Ludwigstraße 16
■ www.bsb-muenchen.de

Die bedeutende Forschungsbibliothek (u. a. rund elf Millionen Bücher, gut 140 000 Handschriften und etwa 10 000 Inkunabeln – vieles auch in digitaler Form) geht auf Sammlungen von Albrecht V. und Wilhelm V. (16. Jh.) zurück. Der jetzige Bau (1832–43) wurde von Friedrich von Gärtner im Stil eines Renaissance-Palasts errichtet. Der Bestand ist online recherchierbar.

**② Ludwigskirche**

Karte N1 ■ Ludwigstraße 20

Die Universitätskirche im Stil der italienischen Romanik (1829–43) steht nahe der Staatsbibliothek. König Ludwig I. ließ die Kirche, die seinen Namen trägt, nach Plänen von Friedrich von Gärtner für seine neue Prachtstraße, die Ludwigstraße, errichten. Das Altarfresko *Das Jüngste Gericht* von Peter Cornelius ist das zweitgrößte der Welt.

**③ Ludwig-Maximilians-Universität**

Karte N1 ■ Geschwister-Scholl-Platz
■ www.lmu.de

Ludwig I. verlagerte die alte Universität (15. Jh.) von Ingolstadt nach München. Um das Hauptgebäude am Geschwister-Scholl-Platz gruppieren sich zahlreiche Fakultäten.

**④ Ludwigstraße & Siegestor**

Karte N1

Als ab 1800 die Stadtmauer geschleift wurde, ließ Ludwig I. die Prachtstraße im Stil der italienischen Renaissance anlegen (1815–50). Gerahmt wird die »italienische Meile« von der Feldherrnhalle *(siehe S. 91)* im Süden und vom Siegestor im Norden. Dieses Tor ist dem Konstantinsbogen in Rom nachempfunden. Oben lenkt die Bavaria in einem Triumphwagen vier Löwen. Das Tor für Siegesparaden des bayrischen Heers erhielt nach Kriegsende die Inschrift »Dem Siege geweiht, im Krieg zerstört, zum Frieden mahnend«. Häufig dient es für Lichtinstallationen und als Filmkulisse.

**Ludwigskirche mit Doppeltürmen**

**Chinesischer Turm im Englischen Garten**

**(5) Akademie der Bildenden Künste**

Karte N1 ▪ Akademiestr. 2 – 4 ▪ www.adbk.de

Der lang gestreckte Akademiebau im Stil der Neorenaissance (1808 – 86) hat eine wechselvolle Geschichte. Die Namen der Studenten um 1900 lesen sich wie das »Who's who« der Kunstgeschichte: Kandinsky, Klee, Kubin, Marc ... Es gibt eine Galerie für Ausstellungen.

**(6) Leopoldstraße & Münchner Freiheit**

Karte FG2 – 3

Hinter dem Siegestor fängt Schwabing an. Hier beginnt auch die Leopoldstraße mit Läden und Straßencafés. Das Flair der 1960er und 1970er Jahre, als sich hier Jungfilmer, Studenten und »Lebenskünstler« tummelten, ist zwar Vergangen-

**Jugendstil**

München ist der Geburtsort des Jugendstils. 1896 erschien hier das erste Heft der Kunstzeitschrift »Jugend«, das der neuen Stilrichtung mit floral-grafischer Linienführung ihren Namen gab. Ihr Feindbild war der Historismus. Bereits 1892 hatten sich über 100 Künstler – gegen die »Tyrannei« des Malerfürsten Franz von Lenbach – zur »Münchner Secession« zusammengeschlossen.

heit, doch hat die Straße an einigen Ecken noch ihren Reiz. Sehenswert: der *Walking Man* (1995), die 17 Meter hohe Skulptur von Jonathan Borofsky vor Haus Nr. 36. Am Nordende der Münchner Freiheit liegt das gleichnamige Café. Hier sitzt man mit der überlebensgroßen Statue des Schauspielers Helmut Fischer, der den »Monaco Franze« verkörperte, zusammen. Jugendstil-Häuser finden sich in den Seitenstraßen, etwa in der Georgenstraße (Nr. 8 – 10) und der Ainmillerstraße (Nr. 20, 22, 33, 34, 35, 37). Ein Gründerzeit-Ensemble weist die Kaiserstraße auf. Boutiquen und Läden gibt es in der Hohenzollernstraße. Auf der anderen Seite der Leopoldstraße geht es zum Englischen Garten.

**(7) Englischer Garten & Chinesischer Turm**

Der »Hauspark« der Schwabinger ist ein Freizeitparadies. Von Ludwigund Leopoldstraße führen die Seitenstraßen rechter Hand zu zwei bekannten Biergärten: zum Chinesischen Turm und zum Seehaus am Kleinhesseloher See *(siehe S. 22f)*.

**(8) Haus der Kunst**

Karte P2 ▪ Prinzregentenstraße 1 ▪ +49 89 21 12 71 13 ▪ Mo, Mi, So 10 – 18, Do 10 – 22, Fr, Sa 10 – 20 Uhr ▪ Eintritt ▪ 🦽 ▪ www.hausderkunst.de

**Säulengang am Haus der Kunst**

Die Nazi-Vergangenheit des »Hauses der Deutschen Kunst« (1937) wird in einer kostenlosen Ausstellung im Eingangsbereich beleuchtet. Das im monumentalen Neoklassizismus errichtete, 175 Meter lange Haus der Kunst ist ein Ausstellungsort in Besitz des Freistaats Bayern ohne eigene Sammlung. Hier werden etwa acht internationale Ausstellungen zeitgenössischer Kunst pro Jahr präsentiert.

**⑨ Bayerisches Nationalmuseum**

Karte P2 ■ Prinzregentenstraße 3 ■ +49 89 211 24 01 ■ Di–So 10–17 Uhr (Do bis 20 Uhr) ■ Eintritt ■ www.bayerisches-nationalmuseum.de

Eine Zeitreise durch die europäische Kunst- und Kulturgeschichte mit Exponaten aus zwei Jahrtausenden – die Schätze sind über-

**Bayerisches Nationalmuseum**

bordend. Das 1855 von Maximilian II. gegründete Museum residiert seit 1900 in seinem jetzigen Bau.

**⑩ Sammlung Schack**

Karte Q3 ■ Prinzregentenstraße 9 ■ Mi–So 10–18 Uhr ■ Eintritt ■ 🚻

Die Sammlung zeigt auf drei Ebenen mehr als 200 Meisterwerke der deutschen Malerei (19. Jh.), meist Landschafts- und Historienbilder sowie Gemälde mit Sagen- und Mythenthematik.

## Spaziergang

**▶ Vormittags**

Beginnen Sie den Tag im **Café Münchner Freiheit**. Dann flanieren Sie die Leopoldstraße hinunter und biegen in die Kaiserstraße mit ihren hübschen Häusern ein (in Nr. 46 wohnte Lenin). Am Kaiserplatz nehmen Sie die Friedrichstraße bis zur Ecke Ainmillerstraße mit Jugendstil-Häusern (Nr. 20 bis Nr. 37). Gehen Sie die Friedrichstraße weiter bis zur Georgenstraße. Nr. 8 ist das **Pacelli-Palais**, daneben steht das Palais Bissing. Von hier geht's zur Leopoldstraße zurück, zur **Akademie der Bildenden Künste** beim **Siegestor**. Gehen Sie zur **Universität** weiter. Durchqueren Sie den Lichthof des Hauptgebäudes zur »studentischen« Amalienstraße mit vielen Cafés und Restaurants. Für eine Kaffeepause bietet sich der **Gartensalon** (Türkenstr. 90) an.

**Nachmittags**

Nach der Pause geht es in den **Englischen Garten**. Schlendern Sie bis zum **Kleinhesseloher See**, und genießen Sie die Atmosphäre. Von dort machen Sie sich auf den Weg Richtung Biergarten am **Chinesischen Turm**. Steigen Sie anschließend zum **Monopteros** hinauf, von wo Sie eine herrliche Aussicht auf die Stadt genießen können. Danach schauen Sie sich zuerst die Eisbach-Surfer und dann eine Ausstellung im **Haus der Kunst** an. Den Abend lassen Sie bei einem Cocktail in der **Goldenen Bar** an der Nordostseite ausklingen.

Siehe Karte S. 102

# Dies & Das

Innenraum der Erlöserkirche

**(1) Erlöserkirche**
Karte G2 ■ Germaniastraße 4
Die evangelische, in einem Mix aus Historismus und Jugendstil errichtete Kirche (1899–1901) steht am Nordende der Münchner Freiheit.

**(2) Wedekindplatz**
Karte G2
Der 2014 renovierte Platz war einst das Herz des dörflichen Schwabing. Hier fanden 1962 die Schwabinger Krawalle statt (siehe S. 41).

**(3) Elisabethplatz**
Karte F3 ■ Markt: Mo – Sa
Der Elisabethplatz, ein Stückchen Altschwabing, erhielt seinen Namen von Kaiserin Sisi. Schon seit 1903 gibt es hier einen Markt. Derzeit wird der Markt umfassend saniert.

**(4) Alter Nördlicher Friedhof**
Karte F3 ■ zwischen Ziebland-, Arcis-, Adalbert- und Luisenstraße
Keineswegs morbide – der aufgelassene Friedhof von 1866 dient nun der Erholung und Entspannung. Kinder spielen zwischen alten Grabsteinen, Jogger drehen ihre Runden.

**(5) Luitpoldpark**
Karte F1
Der Park wurde auf dem Schutt des Zweiten Weltkriegs errichtet. Das Restaurant im neobarocken Bamberger Haus hat prächtige Gasträume und eine hübsche Terrasse.

**(6) Nikolaiplatz & Seidlvilla**
Karte G3 ■ www.seidlvilla.de
Die Seidlvilla (1905) am Nicolaiplatz wurde vor dem Abriss bewahrt und ist nun Kultur- und Bürgerzentrum.

**(7) Kaiserplatz & Kaiserstraße**
Karte F2
Die Silhouette der St.-Ursula-Kirche am Kaiserplatz hat schon Kandinsky verewigt. Die Kaiserstraße weist prachtvolle Gründerzeit-Häuser auf.

**(8) Archäologische Staatssammlung**
Karte P2 ■ Lerchenfeldstraße 2
■ wg. Sanierung bis 2023 geschl.
Die Sammlung zeigt vor- und frühgeschichtliche Funde aus Bayern.

**(9) Pacelli-Palais**
Karte F3 ■ Georgenstraße 8
Das denkmalgeschützte Palais ist ein Wohnhaus im Stil des Neobarock.

Walking Man

**(10) Walking Man**
Karte F3
■ Leopoldstraße 36
Jonathan Borofskys dynamische Skulptur von 1995 wurde von der Munich Re in Auftrag gegeben.

# Shopping

Living Colour

**① Breitengrad**
Karte N1 ■ Schellingstraße 29
Der Laden führt Tassen, Schmuck, ein paar Klamotten, Taschen sowie hübsches nützliches und unnützes Zeug, etwa goldene Wunderkerzen.

**② Apartment**
Karte M1 ■ Barer Straße 49
Auch hier gibt es allerlei bunte Produkte, etwa Geschirr, Geschenkartikel und zahllose witzige Kleinigkeiten für große und kleine Kinder.

**③ Lehmkuhl**
Karte G2 ■ Leopoldstraße 45
Die traditionsreiche Buchhandlung in der Leopoldstraße, 1903 gegründet und 1913 von Fritz Lehmkuhl übernommen, hat ein anspruchsvolles Sortiment. Hier finden auch Lesungen und Vorträge statt.

**④ Weißglut Concept Store**
Karte F2 ■ Hohenzollernstr. 8
In diesem netten Laden finden sich neben ausgewählter Mode für Damen auch hübsche Dekoartikel wie Kerzenständer, Vasen oder Geschirr. Hier lässt es sich bestens stöbern!

**⑤ Biervana**
Karte F2 ■ Hohenzollernstr. 61
Bier, Beer und Craftbeer – der Laden führt über 600 verschiedene Biere. Besonderer Wert wird auf Craftbeers gelegt. Daneben gibt es Bierspezialitäten aus diversen Ländern.

**⑥ Picknweight**
Karte N1 ■ Schellingstraße 24
Vintage pro Kilo: Hier findet man Massen an Secondhand-Klamotten, die man nach Gewicht bezahlt. Eine weitere Filiale gibt es im Tal 15.

**⑦ Living Colour**
Karte F2 ■ Hohenzollernstr. 39
Klamotten, hübsche Taschen, Tassen, Becher, Geschirr, Lampen, Kosmetiktaschen – alles in schönem Design.

**⑧ Autorenbuchhandlung**
Karte F2 ■ Wilhelmstraße 41
Vor über 40 Jahren wurde die Buchhandlung – wie der Name sagt – von Autoren gegründet, die sich nicht mehr dem Diktat des Buchmarkts beugen wollten. Häufig finden Lesungen statt.

**⑨ Patagonia Store**
Karte F2 ■ Leopoldstraße 47
Im Patagonia-Shop gibt es nicht nur stylische Outdoorbekleidung für Männer und Frauen, hier ist auch der Umweltschutz ein großes Thema.

**⑩ DearGoods**
Karte F2 ■ Friedrichstraße 28
Fair produzierte vegane Kleidung, Schuhe und Accessoires – für die Umwelt. Weitere Filialen finden sich in der Baaderstraße 65 und Am Glockenbach 12.

Ökofreundliche Kleidung, DearGoods

Siehe Karte S. 102

# Cafés & Kneipen

**(1) Café Münchner Freiheit**
**Karte G2 ▪ Münchner Freiheit 20**
Das mehrstöckige Café mit großem Außenbereich liegt an der Münchner Freiheit. An einem der Tische sitzt die überlebensgroße Skulptur des Schauspielers Helmut Fischer.

Café Münchner Freiheit

**(2) Café Reitschule**
**Karte G3 ▪ Königinstraße 34**
Das Traditionscafé mit drei Terrassen, Biergarten und Wintergarten liegt am Englischen Garten. Drinnen sieht man auf den Reitplatz. Hier kann man auch gut essen. Beliebter Sonntagsbrunch. Champagner-Happy-Hour 17–18.30 Uhr.

**(3) Cotidiano**
**Karte F2 ▪ Hohenzollernstr. 11**
Die Frühstückskarte der Filiale des Kult-Cafés vom Gärtnerplatz bietet für jeden etwas – von süß über vegan bis herzhaft und üppig, dazu Backwaren aus der eigenen Bäckerei. Mittags und abends gibt es kleine Gerichte. Im Freien sitzt man unter einer mehr als 100 Jahre alten Kastanie.

**(4) Gartensalon**
**Karte N1 ▪ Türkenstraße 90**
**▪ Mo geschl.**
Das Tagescafé in einem Innenhof der Amalienpassage präsentiert sich bunt und etwas trashig. Der Gartenbereich ist eine blumige Idylle. Hier genießt man ein leckeres Frühstück. Keine Kreditkartenzahlung.

**(5) Café an der Uni (Cadu)**
**Karte N1 ▪ Ludwigstraße 24**
Das nette Café an der Ludwigstraße ist gut geeignet für eine Kaffeepause beim Bummel im Universitätsviertel.

**(6) Atzinger**
**Karte N1 ▪ Schellingstraße 9**
Die einst legendäre Studentenkneipe ist nun renoviert, doch die Preise sind immer noch moderat.

**(7) Café Ignaz**
**Karte F3 ▪ Georgenstraße 67**
Fleischlos glücklich – hier gibt es seit bald 40 Jahren vegane und vegetarische Leckereien, alle in Bio-Qualität. Hauseigene Bäckerei.

**(8) Schelling-Salon**
**Karte N1 ▪ Schellingstraße 54**
Traditionsgaststätte (seit 1872) und Treffpunkt für Schwabinger und Studenten – und Billardspieler.

**(9) Goldene Bar**
**Karte P2 ▪ Prinzregentenstr. 1**
Die goldenen Wände der Bar im Haus der Kunst waren namengebend. Mittags gibt es kleine Gerichte, abends mixt Klaus St. Rainer perfekte Drinks. Außenbereich.

**(10) Café Katzentempel**
**Karte N1 ▪ Türkenstraße 29**
Kaffee in tierischer Gesellschaft: In dem vegetarisch-veganen Café fühlen sich auch sechs gerettete Katzen wohl. Sehr beliebt: Tempel-Sandwiches und köstliche Kuchen.

Unkonventionell: Café Katzentempel

# Restaurants

Stylisches Lichtkonzept im Tantris

**Preiskategorien**
Preis für ein Drei-Gänge-Menü (oder Vergleichbares) pro Person mit einem Glas Wein oder Bier inkl. Steuern und Service.
.......................................
€ unter 30 € ■ €€ 30–60 € ■ €€€ über 60 €

**① Georgenhof**
Karte F3 ■ Friedrichstraße 1
■ +49 89 34 07 76 91 ■ €€
Jugendstil-Wirtshaus mit urbayerischem Ambiente und Biergarten: Hier können Sie Schweinebraten oder Schweinshaxe essen.

**② Tantris**
Karte G2 ■ Johann-Fichte-Straße 7 ■ +49 89 361 95 90 ■ Mi–Sa 12–16, 19–24 Uhr ■ €€€
Das 2021 wiedereröffnete Maison Culinaire gilt als Münchner Olymp der Haute Cuisine.

**③ Werneckhof Sigi Schelling**
Karte G3 ■ Werneckstraße 11
■ +49 89 244 18 91 90 ■ Mi–Sa 12–16, 18.30–24 Uhr ■ €€€
2021 eröffnetes Edelrestaurant mit Drei- bis Fünf-Gänge-Menüs. Dresscode: Smart Casual.

**④ Ruff's Burger**
Karte N1 ■ Türkenstraße 63 ■ €
Hier gibt es täglich leckere hausgemachte Burger und BBQ.

**⑤ Occam Delhi**
Karte G2 ■ Feilitzschstr. 15 ■ €
Delikatessenladen mit kleinen Gerichten orientalischer, italienischer, französischer und US-amerikanischer Küche.

**⑥ Arabesk**
Karte G3 ■ Kaulbachstraße 86
■ +49 89 33 37 38 ■ tägl., Mo–Fr auch mittags ■ €€
Libanesische Küche: Hier genießt man die Aromen des Orients – und danach eine Wasserpfeife. Gelegentlich Live-Musik und Bauchtanz.

**⑦ Bei Mario**
Karte F3 ■ Adalbertstraße 15
■ +49 89 280 04 60 ■ €
Seit 1966 bestehendes italienisches Restaurant mit neapolitanischer Holzofenpizza sowie Pasta-, Fleisch- und Fischgerichten. Ruhige Terrasse mit kleinem Brunnen.

**⑧ Osterwaldgarten**
Karte G2 ■ Keferstraße 12
■ +49 89 38 40 50 40 ■ €€
Der idyllische Biergarten mit Restaurant am Englischen Garten serviert bayrische Küche. Meist voll.

**⑨ Pizzeria Passaparola**
Karte F2 ■ Kaiserstraße 47
■ +49 89 38 88 95 90 ■ Mo–Fr 12–15, 18–22, So 18–22 ■ €€
Ob Holzofenpizza, Risotto, Pasta oder *vitello tonnato*: Ein Himmel für Liebhaber italienischer Kochkunst.

**⑩ Das Weinheim**
Karte F3 ■ Bauerstraße 2 ■ +49 89 92 65 53 81 ■ Di–Do 17–23, Fr, Sa 17–24 ■ €€
Ein Ort für Weinkenner und -entdecker – dazu gibt es feinste Gerichte.

Siehe Karte S. 102 ←

# TOP10 Entlang der Isar

Entlang der Isar liegen – rechter Hand – die Viertel Giesing, Au, Haidhausen und Bogenhausen. Alt-Bogenhausen ist ein Villenviertel, das »Franzosenviertel« Haidhausen ein beliebtes Ausgehviertel. Links der Isar befinden sich der Englische Garten und das Lehel (gesprochen »Lechel«), ein begehrtes Wohnviertel mit schönen Altbauten. Vor allem rechts der Isar liegen einige attraktive Sehenswürdigkeiten, etwa das Jugendstil-Juwel Müller'sches Volksbad, das Maximilianeum, die Villa Stuck und – auf den Isarinseln – das Deutsche Museum und das Alpine Museum.

Friedensengel

TOP10-Attraktionen
*siehe S. 111–113*

Restaurants
*siehe S. 117*

Shopping
*siehe S. 115*

Dies & Das
*siehe S. 114*

Cafés & Kneipen
*siehe S. 116*

Rundbogen, Säulen, Mosaiken: die Kulissenarchitektur des Maximilianeums

**① Friedensengel**
Karte Q3 ■ Prinzregentenstraße
Hoch über dem Isarufer erhebt sich
die 38 Meter hohe Statue des Frie-
densengels (1896–99), errichtet in
Erinnerung an den Deutsch-Fran-
zösischen Krieg 1870/71. Die sechs
Meter große vergoldete Figur auf der
Säule ist der griechischen Göttin
Nike nachgebildet. Zwei große Frei-
treppen führen vom Hochufer zur
Terrassenanlage mit Brunnen. Vom
Friedensengel hat man einen schö-
nen Blick über Teile der Altstadt.

**② Museum Villa Stuck**
Karte Q3 ■ Prinzregentenstraße
60 ■ +49 89 455 55 10 ■ Di–So 11–
18 Uhr (1. Fr im Monat: bis 22 Uhr)
■ Eintritt ■ 🎫 ■ www.villastuck.de
In der Nähe des Friedensengels
steht die Villa Stuck (1897/98) – das
Fin-de-Siècle-Gesamtkunstwerk des
Malerfürsten Franz von Stuck (siehe
S. 41). Der Müllerssohn hatte rasant
Karriere gemacht und gehörte 1892
zu den Gründern der Münchner
Secession, die den Jugendstil »er-
fand«. Seit 1968 ist die Villa Muse-
um. Zu sehen sind die Privaträume,
eine ständige Jugendstil-Ausstellung und Wechselausstellungen im
Ateliertrakt.

**③ Prinzregententheater**
Karte R3 ■ Prinzregentenplatz
12 ■ www.theaterakademie.de
Ein weiterer Prunkbau der oberen
Prinzregentenstraße ist das Prinzre-

gententheater (siehe S. 53). Es wird
u. a. von den Staatstheatern bespielt.
Hier wirkte der Regisseur und Inten-
dant August Everding (1928–1999).
Sein Nachlass ist die Bayerische
Theaterakademie, in der junge Büh-
nentalente ausgebildet werden.
Nebenan liegt das Prinzregenten-
bad. Gegenüber befindet sich Feinkost Käfer (siehe S. 115).

**④ Maximilianeum**
Karte Q4 ■ Max-Planck-Str. 1
Der von Weitem sichtbare Bürklein-
Bau (1857–74) thront als Abschluss
der Maximilianstraße auf dem Isarhochufer. Seit 1949 ist er Sitz des
Bayerischen Landtags. Gegründet
wurde das Maximilianeum von
Max II. als Stiftung für hochbegabte,
aber bedürftige Studenten. Die Stiftung für Schüler (seit 1980 auch für
Schülerinnen) mit Einser-Abitur
liegt heute im Rückgebäude.

Prinzregententheater von 1901

**(5) Gasteig**
Karte PQ5 ▪ Rosenheimer
Straße 5 ▪ www.gasteig.de
1978–85 entstand das Kulturzentrum Gasteig. Der »Ziegelbunker«
war umstritten. Er beherbergt u. a.
Philharmonie, Carl-Orff-Saal, Volkshochschule und Stadtbibliothek.
Der Gasteig wird derzeit umfassend
saniert, bis zu seiner Wiedereröffnung dient das Kulturzentrum Gasteig HP8 *(siehe S. 53)* als Ausweichquartier.

**(6) Müller'sches Volksbad**
Karte P4
Der Jugendstil-Badetempel an der
Isar wurde 1897–1901 nach einem
Entwurf von Carl Hocheder erbaut –
finanziert von dem Münchner Privatmann Karl Müller. Es war das erste
öffentliche Bad der Stadt – und es ist
noch heute eines der schönsten. Das
»Männerbad« hat ein Tonnengewölbe, das »Frauenbad« eine Kuppel.
Wer es bewundern will – es gibt
auch Wannenbäder und ein römisches Schwitzbad –, muss
einen Badbesuch einplanen. Frei zugänglich
ist das stilvolle Café-
Restaurant.

**(7) Deutsches Museum**
Schräg gegenüber dem Müller'schen Volksbad liegt das
größte Technik- und Wissenschaftsmuseum der
Welt auf einer Isarinsel
*(siehe S. 26–29)*.

Kachina-Figur,
Museum Fünf
Kontinente

Schiffe im Deutschen Museum

**(8) Praterinsel & Alpines Museum**
Karte P4 ▪ Praterinsel 5 ▪ +49 89 21 12
240 ▪ wegen Umbau der Dauerausstellung bis 2023 geschlossen ▪ www.
alpenverein.de/Kultur/Museum
Im Süden der Praterinsel
liegt das Alpine Museum
des Deutschen Alpenvereins. Es befasst sich mit
der Geschichte des Bergsteigens und veranstaltet
Ausstellungen. Der Schaugarten
zeigt die unterschiedlichen Gesteinsarten der Bergregionen. Im
Norden der Insel finden in den
Hallen der einstigen Likörfabrik
Riemerschmid Ausstellungen
oder Events statt. Im Innenhof
der Anlage treffen sich an Sommerabenden Tango-Fans.

**(9) Maximiliansbrücke & Isarbrücken**
Karte P5 – Q4
Die denkmalgeschützte Maximiliansbrücke (1857–63) besteht eigentlich aus zwei Brücken: die äußere
führt zum Maximilianeum, die innere verbindet das Isar-Westufer mit
der Praterinsel. Historisch bedeutsam ist die Ludwigsbrücke. Heinrich
der Löwe ließ 1157/58 die Isarbrücke des Bischofs von Freising zer

Ziegel-Glas-Fassade des Gasteig

### Haidhausen

Haidhausen lag früher außerhalb der Stadt und war ein armes, dörfliches Viertel, ein »Glasscherbenviertel«. Einige renovierte Herbergshäuser erinnern an diese Zeit. Ab 1871 wurde hier mit französischen Reparationszahlungen gebaut. Deshalb heißen die Straßen des »Franzosenviertels« Pariser Straße, Sedanstraße, Bordeauxplatz, Metzstraße ...

stören und weiter südlich eine neue Brücke errichten – an der Stelle der heutigen Ludwigsbrücke. Damit leitete er die Salzstraße um und kassierte ab sofort den Brückenzoll – so entstand München. Alle Isarbrücken bieten reizvolle Ausblicke auf Fluss und/oder auf die Stadt.

### ⑩ Museum Fünf Kontinente

Karte P3 ■ Maximilianstraße 42 ■ +49 89 210 13 61 00 ■ Di – So 9.30 – 17.30 Uhr ■ Eintritt (unter 18 Jahren frei) ■ www.museum-fuenf-kontinente.de

Der stattliche Bau im Maximilianstil, der ursprünglich für das Bayerische Nationalmuseum errichtet worden war, stammt von 1859 – 65. 1926 zog hier das Völkerkundemuseum ein mit heute über 160 000 Exponaten zur Kultur außereuropäischer Völker. Sie gehen auf über 500 Jahre Sammlungsgeschichte bayrischer Herrscher zurück. Dauerausstellungen gibt es zu Afrika, Südamerika, Nordamerika, Ozeanien, Myanmar und dem Orient. Der Museumsshop Caravanserai verkauft Kunsthandwerk wie Schmuck und Textilien.

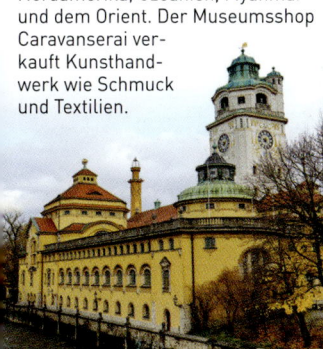

Müller'sches Volksbad an der Isar

### Spaziergang

#### ▶ Vormittags

Start ist am **Müller'schen Volksbad**. Nach einem Frühstück im dortigen Café schlendern Sie links vom Bad an der Isar entlang bis zum Kabelsteg, der auf die Praterinsel führt. Gehen Sie in den Schaugarten des **Alpinen Museums** (kostenlos) und dann weiter auf der Insel bis zur **Maximiliansbrücke**, die direkt auf das **Maximilianeum** zuläuft. In einem Halbrund gehen Sie an dem Bau vorbei und biegen rechts in die Schellstraße ein, die Sie zum Wiener Platz mit seinen Marktständen und dem Hofbräukeller bringt. Vom Platz führt eine kleine Straße (**An der Kreppe**) zu einigen alten Herbergshäuschen des »Glasscherbenviertels«. Bei gutem Wetter bietet sich der Biergarten des **Hofbräukellers** für eine Pause an.

#### Nachmittags

Nach dem Essen gehen Sie die Schellstraße zurück, überqueren die Max-Planck-Straße und gehen die Maria-Theresia-Straße mit schönen Gründerzeit- und Jugendstil-Häusern entlang. Links der Straße laden die Maximiliansanlagen dazu ein, etwas kreuz und quer zu stromern. Wie auch immer – Sie landen irgendwann beim **Friedensengel**. Nur wenige Meter weiter befindet sich das Jugendstil-Museum **Villa Stuck**. Nach einem Museumsrundgang gönnen Sie sich einen Besuch bei **Feinkost Käfer** in der Prinzregentenstraße – entweder im Bistro des Feinkostladens oder in der Käferschänke.

Karte siehe S. 110

# Dies & Das

**Johanniskirche mit hohem Turm**

### ① An der Kreppe
Karte Q4

Die Herbergshäuser der einstigen Ziegelarbeiter erinnern noch an die dörfliche Geschichte Haidhausens.

### ② Wiener Platz & Hofbräukeller
Karte Q4

Der Wiener Platz ist ein Haidhauser Zentrum. Seit 1889 gibt es hier einen Markt. Seit 1892 steht hier auch der Hofbräukeller (siehe S. 64).

### ③ Werksviertel
Karte R6

Ein früheres Industriegebiet wurde zu einem Kulturzentrum und Hotspot des Nachtlebens umgestaltet.

### ④ St. Lukas
Karte P4 ■ Mariannenplatz 3

Die Lukaskirche (1893–96) im Lehel ist für Kirchenkonzerte bekannt.

### ⑤ Weißenburger Platz
Karte Q5

Er ist das Zentrum des »Franzosenviertels«. In seiner Mitte steht der Glaspalastbrunnen (1853). Beliebt: der Weihnachtsmarkt im Dezember.

### ⑥ Johanniskirche
Karte Q4 ■ Johannisplatz

Die neugotische Kirche St. Johann Baptist (1852–74) mit dem 90 Meter hohen Turm fällt ins Auge – sie ist fast so hoch wie der Dom.

### ⑦ Pfarrkirche St. Anna
Die neoromanische Pfarrkirche Sankt Anna (1887–92) geht auf einen Architekturwettbewerb zurück (siehe S. 45).

### ⑧ Maxmonument & Obere Maximilianstraße
Karte P3

Ab dem Altstadtring säumen die Maximilianstraße Prachtbauten. In einem Rondell steht das Denkmal für Maximilian II. (Maxmonument).

### ⑨ Regierung von Oberbayern
Karte P3 ■ Maximilianstraße 39

Das neugotische Gebäude (19. Jh.), heute Sitz der Regierung von Oberbayern, ließ Maximilian II. bauen.

### ⑩ Lehel
Karte P3–4

Für manche gehört das Lehel zu den schönsten Vierteln – ein Hauch Paris. Sehenswert: die Häuser links und rechts des Maxmonuments.

**Glaspalastbrunnen, Weißenburger Platz**

# Shopping

**(1) Doppler Shop**
Karte Q5 ▪ Metzstraße 15
(Eingang Sedanstraße)
Hier findet man all die ausgefallenen kleinen Dinge, die man immer wieder kaufen kann (bzw. muss): von Papeterie, Deko-Objekten, Geschirr und Besteck bis zu Kissen.

**(2) Ypnotic**
Karte Q5 ▪ Weißenburger Str. 12
Ein neuer Schal in einer tollen Farbe? Ein Pullover in ausgefallenem Design? Ypnotic hat schicke Mode von Daily's, Freequent, Malvin, Anonyme designers ... und bestimmt Ihr Lieblings-Accessoire.

Witzige Kleinigkeiten im Kokolores

Livingroom – Laden & Café

**(3) Kokolores**
Karte Q5 ▪ Wörthstraße 8
Ein Laden für Entdeckungen: witzige Postkarten, Papeterie, Spielwaren und das etwas andere Geschenk.

**(4) Livingroom**
Karte Q4 ▪ Wiener Platz 2
Nostalgische Möbel und Zubehör für Küche, Bad und Wohnzimmer – mit Café.

**(5) Feinkost Käfer**
Karte R3 ▪ Prinzregentenstraße 73
Das Feinkostgeschäft in Bogenhausen ist ein Heaven für Genießer, hier treffen sich Promis zum Einkaufen und Probieren.

**(6) Anne von Waechter**
Karte Q5 ▪ Sedanstraße 24
Im Atelier der Schmuck-Designerin findet man Unikate von besonderer Magie und sicher ein Lieblingsstück.

**(7) Weltladen München**
Karte Q5 ▪ Weißenburger Str. 18
Vom Bio-Kaffee bis zu handgeschöpftem Papier aus Indien – der Laden bietet Fairtrade-Produkte aus aller Welt.

**(8) Mohrmann Basics**
Karte Q4 ▪ Innere Wiener Str. 50
Ausgefallene Mode um die Ecke – die kleinen Läden machen Haidhausen so attraktiv. Bei Mohrmann gibt es ganz unterschiedliche Labels.

**(9) Buch & Töne**
Karte Q5 ▪ Weißenburger Str. 14
Der charmante Buchladen bietet einen Mix aus modernem Antiquariat und klassischer Buchhandlung mit Hörbüchern und ausgewählten CDs und DVDs – ein gutes Konzept.

**(10) Markt am Wiener Platz**
Karte Q4
Die festen Marktbuden am Wiener Platz sind werktags geöffnet und werden durch Angebote freier Händler ergänzt. Ein hübscher Platz für einen Kaffee.

Kissen im Doppler Shop

Siehe Karte S. 110

# Cafés & Kneipen

Lollo Rosso Bar(varian) Grill

**(1) Fortuna Cafebar**
Karte Q5 ■ Sedanstraße 18
Das kleine, italienisch anmutende Nachbarschaftscafé hat auch ein paar Tische im Freien. Köstlich: die Trinkschokolade. Sonntagsbrunch.

**(2) Negroni**
Karte Q5 ■ Sedanstraße 9
■ So geschl.
Die American Bar serviert gute Drinks und Cocktails. Kleine italienisch inspirierte Speisekarte.

**(3) Lollo Rosso**
Karte Q5 ■ Milchstraße 1
Im Bar(varian) Grill gibt es einen gelungenen Mix aus Mediterran-Bayrischem von Steak bis Brotzeit und gute Drinks. Die Caffè Bar (Wörthstr. 11) ist der Café-Ableger. Jeweils Freiflächen.

**(4) Barroom**
Karte Q5 ■ Milchstraße 17
■ So & Mo geschl.
Spezialität der kleinsten Cocktailbar Münchens sind Drinks auf Rumbasis. Oft sehr voll!

**(5) Maria Passagne**
Karte Q5 ■ Steinstraße. 42
■ So geschl.
Die »Wohnzimmer«-Bar ist klein und plüschig. Zu essen gibt es Sushi.

Reservierung empfohlen (+49 89 48 61 67). Wenn es voll ist, lässt Sie der Türsteher nicht mehr rein.

**(6) Café im Hinterhof**
Karte Q5 ■ Sedanstraße 29
Das Café mit Jugendstil-Ambiente bietet ein üppiges Frühstück und Köstliches von der Tageskarte (Suppen, Currys, Salate etc). Ruhige, kleine Terrasse im Innenhof.

**(7) Kosy's**
Karte Q5 ■ Pariser Straße 50
■ So geschl.
Der Name ist Programm: köstliche Kuchen und Pralinen sowie schöne Dinge in kuscheligem Ambiente.

**(8) POLKA Bar**
Karte Q5 ■ Pariser Straße 38
■ Di – Sa geöffn.
Bar in einem Kellergewölbe zum Musikhören, Trinken und Abhängen. Desserts zum Niederknien.

**(9) Café Haidhausen**
Karte Q5 ■ Franziskanerstraße 4
Große Frühstücksauswahl (von Avocado Bread bis Weiss Blau), dazu Bistro-Gerichte und Bar-Food.

**(10) Johanniscafé**
Karte Q4 ■ Johannisplatz 15
Eine eigene Welt mit aus der Zeit gefallenem Interieur und exzentrischem Wirt – Open-End-Kultkneipe.

**Drinks im Negroni**

# Restaurants

**(1) Giorgia Trattoria**
Karte Q5 ▪ Weißenburger Straße 2 ▪ €€
Farbenfrohe Trattoria im Vintage-Stil – da sind nicht nur die Speisen ein Hingucker.

**(2) Nana**
Karte Q5 ▪ Metzstraße 15 ▪ +49 89 44 49 96 33 ▪ €
Das Flair von Tel Aviv in München mit wohlschmeckenden Mezze.

**(3) Le Faubourg**
Karte Q4 ▪ Kirchenstraße 5 ▪ +49 89 47 55 33 ▪ So geschl. ▪ €€
Typische Bistro-Atmosphäre an kleinen Tischen: Die Tagesgerichte stehen auf einer Tafel. Gute Weinauswahl. Wenige Tische im Freien.

**(4) Rue des Halles**
Karte Q4 ▪ Steinstraße 18 ▪ +49 89 48 56 75 ▪ Mo geschl. ▪ €€
Der älteste Franzose im »Franzosenviertel«: Die unprätentiöse Einrichtung vermittelt das Flair eines Bistros der ehemaligen Pariser Markthallen. Kreative französische Küche.

**(5) Il Cigno**
Karte R5 ▪ Wörthstraße 39 ▪ +49 89 448 55 89 ▪ So geschl. ▪ €
Steinofenpizza und sehr gute Pasta. Tische im Freien.

**(6) Bernard et Bernard**
Karte Q4 ▪ Innere Wiener Straße 32 ▪ +49 89 480 11 73 ▪ So geschl. ▪ €
Klein, aber fein: Die Crêperie serviert leckere Crêpes, Galettes und bretonische Speisen.

**(7) Kalami**
Karte Q5 ▪ Kellerstraße 45 ▪ +49 89 48 72 82 ▪ €
Traditionelle Taverne mit rustikalem Ambiente und typisch griechischer

**Preiskategorien**
Preis für ein Drei-Gänge-Menü (oder Vergleichbares) pro Person mit einem Glas Wein oder Bier inkl. Steuern und Service.
€ unter 30 €    €€ 30–60 €    €€€ über 60 €

**Seafood im Chez Fritz**

Küche wie Calamares, Lammgerichten und dem vielleicht besten Gemüseteller der Stadt.

**(8) Chez Fritz**
Karte Q4 ▪ Preysingstraße 20 ▪ +49 89 44 87 676 ▪ nur abends; Mo geschl. ▪ €€
In der Brasserie gibt es gehobene französische Küche in Retro-Ambiente. Tische auf dem Preysingplatz.

**(9) Zum Kloster**
Karte Q4 ▪ Preysingstraße 77 ▪ +49 89 447 05 64 ▪ €
Hier genießt man seit über 40 Jahren sehr gute Bio-Hausmacherkost. Das Ambiente ist recht dörflich. Draußen sitzt man unter Kirschbäumen in einer Spielstraße.

**(10) PreysingGarten**
Karte Q4 ▪ Preysingstr. 69 ▪ +49 89 688 67 22 ▪ €
Im holzgetäfelten Gastraum gibt es Frühstück (bis 15 Uhr) sowie mittags und abends italienische Gerichte. Schöner Gartenbereich mit Spielplatz.

**Steinofenpizza**

Karte siehe S. 110

# TOP10 Südwesten

Bavaria: ein Wahrzeichen

Das Gebiet westlich und südlich der Altstadt ist überaus vielfältig – und erstaunlich grün. Hauptbahnhof, Theresienwiese und – im Kontrast dazu – das Klinikviertel prägen die Ludwigsvorstadt. Südlich von Sendlinger Tor und Gärtnerplatzviertel liegt die Isarvorstadt, wo sich zahlreiche kleine Läden und nette Cafés angesiedelt haben. Ein schönes Freizeitareal sind die nahe gelegenen Isarauen. Das Westend westlich der Theresienwiese ist ein multikulturelles Viertel, das sich derzeit rasant verändert. Im Südwesten schließt sich die grüne Lunge des Westparks an.

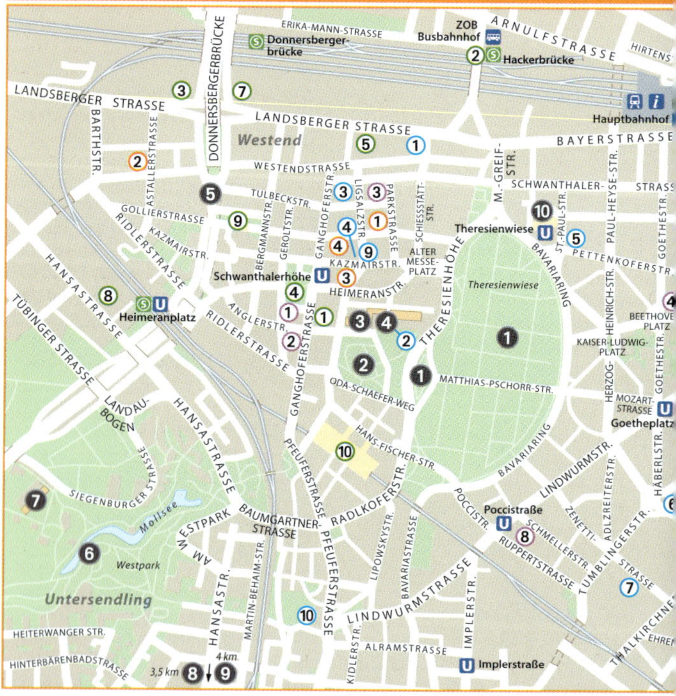

### 1 Bavaria & Theresienwiese

Karte JK4–5 ▪ Theresienhöhe 16 ▪ +49 89 29 06 71 ▪ Zeiten telefonisch erfragen ▪ Eintritt

Sie ist die größte Münchnerin – die exakt 18,52 Meter hohe Bavaria mit Eichenkranz in der Hand und dem bayrischen Wappentier, dem Löwen, zu ihren Füßen. Die von Ludwig Schwanthaler entworfene und von Ferdinand von Miller in Erz gegossene Figur (1840–50) war seinerzeit eine technische Meisterleistung. In ihrem Kopf befindet sich eine Aussichtsplattform. Hinter der Kolossalfigur erhebt sich Leo von Klenzes Ruhmeshalle (1843–53) mit den Büsten verdienstvoller Bayern.

Gelassen blickt die Bavaria auf die Theresienwiese, den Ort vieler Veranstaltungen, vor allem aber des Oktoberfests (siehe S. 34f). Anlässlich

Blick ins Verkehrsmuseum

der Vermählung von Kronprinz Ludwig und Therese von Sachsen-Hildburghausen wurde hier am 12. Oktober 1810 ein Volksfest gefeiert. Zu Ehren der Braut nannte man die Festwiese Theresienwiese – der Beginn des Oktoberfests.

### 2 Bavariapark

Karte J4–5

Der Park gleich hinter der Bavaria geht auf Ludwig I. zurück, der Anfang des 19. Jahrhunderts den sogenannten Theresienhain anlegen ließ. 1872 wurde die Anlage öffentlich zugänglich. 1908 wurde der Park zum Ausstellungspark, da an seinem nördlichen Ende die Alte Messe entstand. Heute nutzen ihn die Anwohner zum Joggen oder Entspannen. Im Park befinden sich mehrere alte Steinskulpturen sowie das Wirtshaus am Bavariapark mit schönem Biergarten (siehe S. 125).

### 3 Altes Messegelände & Verkehrszentrum

Karte J4 ▪ Am Bavariapark 5

Nach dem Umzug der Messe nach Riem hat sich um den Bavariapark und die Theresienhöhe eine neue Infrastruktur entwickelt. Auf dem alten Messegelände entstanden moderne Wohnanlagen, darunter der Wohnturm des Steidle-Hauses. Daneben stehen alte Messehallen, die erhalten wurden.

Seit 2003 ist hier das Verkehrszentrum (ein Zweigmuseum des Deutschen Museums) in drei denkmalge-

schützten Jugendstil-Hallen (1908) untergebracht. Das Museum zeigt auf 12 000 Quadratmetern Fläche die Geschichte der Mobilität. Die Dauerausstellung präsentiert eine einzigartige Sammlung von Fahrzeugen, sie ist in drei Themenbereiche gegliedert: Stadtverkehr, Reisen sowie Mobilität und Technik (Infos & Highlights *siehe S. 27 & 29*).

### ④ Alte Kongresshalle
**Karte J4 ■ Theresienhöhe 15**
Die Alte Kongresshalle gehört zu den noch erhaltenen Bauten des alten Messegeländes. Sie wurde 1952/53 im retrofuturistischen Stil errichtet. 2007 wurde sie mit modernster Technik wiedereröffnet. Seither wird sie für kulturelle und gesellschaftliche Events vermietet. Im ehemaligen Teehaus der Kongresshalle residiert die Kongress Bar, am Südende befindet sich das Wirtshaus am Bavariapark *(siehe S. 125)*.

### ⑤ Westend
**Karte J3–4**
Das Westend (offiziell: Schwanthalerhöhe nach dem Bildhauer Ludwig von Schwanthaler) entwickelte sich

Maskottchen Berni in Aktion, Audi Dome

mit Beginn der Industrialisierung, es war lange ein »Glasscherbenviertel« mit Multikulti-Flair. Doch mittlerweile mischen sich Alt und Neu, das Viertel hat sich in den letzten Jahren verändert, ohne jedoch sein ganz eigenes, buntes Ambiente zu verlieren. Durch den Umzug der Messe nach Riem entstanden neue Wohnquartiere, gleichzeitig besitzt das Viertel aber noch viele Altbauten. Im Westend gibt es sie noch nebeneinander: traditionelle Kneipen und schicke Cafés, alteingesessene Geschäfte und hippe Läden.

### ⑥ Westpark
**Karte BC6**
Er ist das kleinere, westliche Gegenstück zum Englischen Garten. Der Westpark wurde 1983 zur IV. IGA (Internationale Gartenbauausstellung) eröffnet. Das Areal bietet neben Gartenanlagen auch Grill- und Picknickareale, zwei größere Seen und zwei Biergärten. Hübsch ist das asiatische Ensemble u. a. mit Japan-Garten, Nepalpagode und Thai-Sala.

### ⑦ Audi Dome
**Karte C6 ■ Grasweg 74 ■ Eintritt ■ www.fcb-basketball.de**
Die Rudi-Sedlmayer-Halle wurde 1972 als Basketball-Spielstätte für die Olympischen Spiele erbaut. Später fanden hier Rockkonzerte, Messen und Box-Events statt. Seit 2011 heißt sie Audi Dome und ist Spielstätte des FC Bayern Basketball.

Nepalpagode, Westpark

**8** **Flaucher**
Karte E6

Der Flaucher ist Münchens Isarstrand schlechthin. Die Kiesbänke
der südlichen Isar ziehen im Sommer die Sonnenanbeter an. Hübsch
ist der gleichnamige Biergarten.

**9** **Tierpark Hellabrunn**
Karte E6 ▪ Tierparkstraße 30
▪ +49 89 62 50 80 ▪ Apr – Okt: tägl.
9 – 18 Uhr; Nov – März: tägl. 9 – 17 Uhr
▪ Eintritt ▪ www.hellabrunn.de

Hellabrunn wurde 1911 gegründet
und war der erste Geo-Zoo der Welt.
In den Isarauen leben 500 Tierarten
nach Kontinenten geordnet. Attraktionen sind u. a. das Dschungelzelt
mit den Raubkatzen, das Urwald-
haus, in dem Affen, Schlangen und
Fische in einer Dschungellandschaft

Paulskirche

mit buntem Korallenriff leben, die
Giraffensavanne und die Welt der
Affen. Tiershows und Fütterungen.

**10** **Paulskirche**
Karte K4 ▪ St.-Pauls-Platz 11

Die neugotische Kirche an der Theresienwiese wurde 1892 – 1906 errichtet. Vom 97 Meter hohen Turm
(252 Stufen) hat man einen guten
Blick auf die Wiesn. Tragische Be-
kanntheit erlangte St. Paul, als 1960
ein US-Militärflugzeug den Turm
streifte und auf eine Tram stürzte.

**Spaziergang**

▶ **Vormittags**

Die Tour beginnt an der **Bavaria**.
Steigen Sie in den Kopf der Dame,
und genießen Sie die Aussicht auf
die Theresienwiese. Hinter der
Ruhmeshalle beginnt der hübsche **Bavariapark**. Am nördlichen
Rand liegen die drei Hallen des
**Verkehrszentrums**, eines Zweig-
museums des Deutschen Museums. Überqueren Sie die Heimer-
anstraße, gehen Sie durch den
baumbestandenen Durchgang in
die Kazmairstraße (schön ist die
Nr. 21 mit Sgraffito). Nur wenige
Häuser nach links kommen Sie
zur **SchokoAlm** (Kazmairstr. 33)
mit leckerem Kaffee, Kakao,
Schokolade und (Leb-)Kuchen.
Bummeln Sie durch das aufstre-
bende Westend-Viertel – vom
Gollierplatz bis zum Georg-
Freundorfer-Platz. Mittagessen
gibt's im **Marais** (Parkstr. 2) oder
im **La Kaz** (Kazmairstr. 38).

**Nachmittags**

Gehen Sie zurück zum Bavariapark. Durch den Park und über
den **Quartiersplatz Theresienhöhe** kommen Sie (über die S-Bahn)
in den Ostteil des **Westparks**.
Schlendern Sie in westlicher
Richtung. Gleich sehen See steht
das Kunstwerk »Die Arche« mit
den bunten Tieren von Steffen
Schuster. Vorbei an den Schild-
kröten im **Mollsee**, dem Audi
Dome und über die Brücke (Mitt-
lerer Ring) gelangen Sie in den
Westteil des Parks mit Thai-Sala,
chinesischem und japanischem
Garten, Rosengarten (mit über
2000 Rosen) und dem See mit der
Seebühne und Open-Air-Events
(Musik, Theater und Kino). Kaffee
oder Bier gibt es im See-Café, im
Gans am Wasser oder im **Wirtshaus am Rosengarten**.

Siehe Karte S. 118f

# Dies & Das

### (1) Endlose Treppe
**Karte J4 ▪ Ganghoferstraße 29**
Kunst im öffentlichen Raum, etwas versteckt: Ólafur Elíassons *Endlose Treppe* steht im Innenhof der KPGM.

### (2) Hackerbrücke
**Karte K3**
Eine der seltenen Schmiedeeisen-Bogenbrücken in Deutschland: Die Hackerbrücke (1890–94) überquert die Gleise vor dem Hauptbahnhof. Hier ist zudem der neue Zentrale Omnibusbahnhof (ZOB).

### (3) Hauptzollamt
**Karte C4 ▪ Landsberger Str. 124**
Der Bau nahe der Donnersberger-brücke mit Jugendstil-Elementen und Glaskuppel stammt von 1912.

### (4) Georg-Freundorfer-Platz
**Karte J4**
Der neu angelegte Platz mit Bolz-platz, Sommerstockbahn und Klet-tergarten ist ein beliebter Treff.

### (5) Augustiner-Bräu
**Karte J3 ▪ Landsberger Str. 35**
Im Backsteingebäude der Augusti-ner Brauerei wird Münchens älteste Biermarke produziert. Direkt in der

**ADAC**

Brauerei liegen die Augustiner Bräustuben *(siehe S. 125)*.

### (6) Alter Südlicher Friedhof
**Karte LM5–6**
Auf dem ältesten Zentralfriedhof der Stadt (ab 1563) sind viele prominente Persönlichkeiten begraben. Heute gehen hier die Anwohner unter alten Bäumen spazieren.

### (7) Central Tower
**Karte D4 ▪ Landsberger Str. 110**
Das markante 23-stöckige Gebäude (2002) ist einer der wenigen Münch-ner »Wolkenkratzer«.

### (8) ADAC-Zentrale
**Karte C5 ▪ Hansastraße 19**
Blickfang im Westend: Die über 1000 Fenster des Bauwerks (93 m) schimmern in 22 Farben.

### (9) Gollierplatz
**Karte D5**
An dem hübschen baumbestande-nen Platz mitten im Westend stehen einige Jugendstil-Häuser sowie die neuromanische Kirche St. Rupert.

### (10) Quartiersplatz Theresienhöhe
**Karte J5**
Die nur begrenzt belastbare Beton-decke (keine Bäume) über die Bahngleise wurde als Landschafts-skulptur (2010) mit Hügeln, Dünen und Spielbereich gestaltet.

Ólafur Elíassons *Endlose Treppe*

# Cafés & Kneipen

**(1) Lohner und Grobitsch**
Karte D5 ■ Sandtnerstraße 5
Der einstige Lebensmittelladen ist heute ein Tagescafé mit Teilen des alten Inventars. Gute Kuchen nach Omas Rezept sowie Frühstück und Salate.

**(2) Café Westend**
Karte D5 ■ Ganghoferstraße 50
Die Mischung aus Café, Bar und Restaurant serviert mittags günstigen Business-Lunch. Billard und Kegelbahnen im Keller.

**(3) Marais Ladencafé**
Karte J3 ■ Parkstraße 2
Ehemaliger Laden mit altem Interieur wie Holztruhen, Puppenwagen … die Gäste trinken ihren Kaffee in der Schaufensterauslage.

**(4) Café am Beethovenplatz**
Karte L4 ■ Goethestraße 51
Das Traditionscafé im denkmalgeschützten Belle-Époque-Haus des Hotels Mariandl vermittelt Wiener Kaffeehauskultur. Täglich Live-Musik von Klassik bis Jazz. Kleiner Garten im Sommer.

**(5) Café Lozzi**
Karte M5 ■ Pestalozzistraße 8
Gemütliches Café mit selbst gebackenen (veganen) Kuchen und köstlichen Zimtschnecken.

**(6) München 72**
Karte M5
■ Holzstraße 16
Der Name erinnert an die Olympischen Spiele von 1972. Das Café mit Bar hat 1970er-Jahre-Mobiliar. Hinter der Theke hängt ein Fahrrad. Nachmittags treffen sich hier Mütter, abends ein gemischtes Publikum. Sonntags schaut man gemeinsam *Tatort*.

**(7) Tagträumer**
Karte L6
■ Dreimühlenstraße 17
Das Tagescafé im Schlachthofviertel mit bewegter Geschichte (u. a. Polizeiwache und Metzgerei) ist ein guter Ort für ein leckeres Frühstück.

Cocktail

**(8) Substanz**
Karte K6 ■ Ruppertstraße 28
Das Substanz ist ein Szene-Oldtimer: Kneipe, Bar und Live-Club mit bekannten Bands und Newcomern sowie monatlichen Poetry-Slams. Zur Stärkung gibt es Pizza.

**(9) Café Mozart**
Karte L4 ■ Pettenkoferstraße 2
Moderne Oma-Cafés sind im Kommen. Das Café-Restaurant mit 1960er-Jahre-Plüschdekor bietet Frühstück, Essen und abends Cocktails (»Mozart Spirits«).

**(10) Ferdings**
Karte M5 ■ Klenzestraße 43
■ So & Mo geschl.
Nein, es ist keine Sauna – Bademäntel gibt es an der Garderobe, damit die Raucher draußen nicht frieren. Die Bar im Industriedesign bietet »regionale« Tapas und gute Drinks.

Theke und Tische im Ferdings

Karte siehe S. 118f

# Shopping

**1 Comics N' More**
Karte J4 ▪ Gollierstraße 16
Der älteste Comics-Laden in München verkauft auch T-Shirts, Handy-Hüllen, Poster, Mangas, Figuren und mehr. Ein Shop für Fans.

**2 WARE FREUDE**
Karte C5 ▪ Westendstraße 142
T-Shirts, Postkarten, Deko-Utensilien für Verliebte, für die Tür, für Mama, für Katzenfans ... Die Marke steht für regionales Design und ökologische Produktion.

**3 SchokoAlm**
Karte J4 ▪ Kazmairstraße 33
Die Chocolaterie mit Café bietet alles zum Thema »Schokolade«, etwa verführerische Trüffel, Konfekt, Gebäck sowie hübsche Accessoires. Einige Tische im Freien.

**4 louloute**
Karte J4 ▪ Gollierstraße 33
Nähkurse für Anfänger und Fortgeschrittene: Hier kann jeder unter fachkundiger Anleitung sein Lieblingsteil anfertigen – oder auch Teile der Kollektion kaufen.

**5 Götterspeise**
Karte M5 ▪ Jahnstraße 30
Der Treff für Schokoladenfans im Glockenbachviertel: Im Laden gibt es alle süßen Sünden sowie Geschenke. Das bunte Café serviert Tartes, Kuchen, Gebäck und Kaffee.

Götterspeise – Treff für Schokofans

**6 Roly Poly**
Karte M5 ▪ Fraunhoferstr. 9
Das Geschäft für (Designer-)Stoffe, auch in Ökoqualität, und Accessoires bietet Nähkurse an. Nähfans kommen kaum daran vorbei.

**7 Antonetty**
Karte M5 ▪ Klenzestraße 56
In dem Ledergeschäft gibt es Taschen, Geldbörsen, Kleidung (auch Maßanfertigung) und allerlei sonstige Dinge aus Leder. Witzig sind die kleinen Ledertierchen.

**8 Rocket**
Karte N5 ▪ Reichenbachstr. 41
Der Shop hat die neueste Streetwear, Schuhe, Accessoires, Taschen und Schmuck – auch für Kinder.

**9 Wohnpalette**
Karte N5 ▪ Reichenbachstr. 28
Bilderrahmen, Blechschilder, Dekoleuchten, Kleinmöbel, Kerzenständer ... Der Laden ist übervoll davon.

**10 Glockenbuchhandlung**
Karte M5 ▪ Hans-Sachs-Straße 11
Weit mehr als die Titel der Bestsellerlisten – nicht umsonst wurde der Store mit dem Deutschen Buchhandelspreis 2021 ausgezeichnet.

Bunte Welt der Stoffe im Roly Poly

# Restaurants

**Preiskategorien**
Preis für ein Drei-Gänge-Menü (oder Vergleichbares) pro Person mit einem Glas Wein oder Bier inkl. Steuern und Service.

€ unter 30 €   €€ 30–60 €   €€€ über 60 €

**① Augustiner Bräustuben**
Karte J3 ▪ Landsberger Straße 19 ▪ +49 89 50 70 47 ▪ €
Urbayrisches Lokal direkt in der Augustiner Brauerei.

**② Wirtshaus am Bavariapark**
Karte J4 ▪ Theresienhöhe 15 ▪ +49 89 45 21 16 91 ▪ €
Super Wirtshaus mit schönem Biergarten am Rand des Bavariaparks.

**③ Zur Schwalbe**
Karte J3 ▪ Schwanthalerstr. 149 ▪ +49 89 23 02 14 47 ▪ €
Gerichte aus dem Alpenraum wie Breznsalat oder Bergkäseknödel.

**④ La Kaz**
Karte J4 ▪ Ligsalzstr. 38 ▪ +49 89 76 99 07 10 ▪ Sa & So nur abends ▪ €
In der angesagten Kneipe sitzt man an Holztischen auf bunten Stühlen.

**⑤ Speiselokal Lenz**
Karte K4 ▪ Pettenkoferstraße 48 ▪ +49 89 55 23 97 71 ▪ €
Das Restaurant serviert internationale Speisen. Gastgarten.

**⑥ Paulaner Bräuhaus**
Karte L6 ▪ Kapuzinerplatz 5 ▪ +49 89 544 61 10 ▪ €
Das traditionsreiche Wirtshaus bietet Schwemme, Sudhaus, Stuben, Salettl und Kastanien-Biergarten.

**⑦ Wirtshaus im Schlachthof**
Karte L6 ▪ Zenettistraße 9 ▪ +49 89 72 01 82 64 ▪ nur abends ▪ €
Wirtshaus mit Biergarten und einer Bühne für Kabarett und Konzerte. Hier gibt es überwiegend regionale Gerichte.

**⑧ Junge Römer**
Karte M5 ▪ Pestalozzistraße 23 ▪ +49 89 23 02 52 46 ▪ Mo geschl. ▪ €
Italienisches Lokal mit einer großen Auswahl an Pasta und Pinsa (eine Art Ur-Pizza aus Zeiten der Römer).

**⑨ CaGo**
Karte C5 ▪ Kazmairstr. 31 ▪ +49 89 32 79 76 23 ▪ €€
Leckere vietnamesische Fusionsküche im Westend. Draußen gibt es einen großen Bereich mit Sitzflächen.

**⑩ Stemmerhof**
Karte D6 ▪ Plinganserstraße 6 ▪ +49 89 76 75 36 08 ▪ €
Urbane Dorfidylle in einem einstigen Bauernhof (bis 1992) mit zwei Terrassen.

Münchner Industriechick im La Kaz

Siehe Karte S. 118f

# TOP10 Nordwesten

Blümchen, Botanischer Garten

Westlich der Maxvorstadt beginnt der Stadtteil Neuhausen. An ihn grenzt Schloss Nymphenburg. Nördlich der S-Bahn-Stammstrecke findet man den Circus Krone und weiter westlich den Hirschgarten, den größten Biergarten Bayerns. Ganz im Norden liegt der Olympiapark mit seinen Attraktionen. Gleich daneben trägt eines der größten Münchner Unternehmen mit BMW Museum und BMW Welt zur Attraktivität der Stadt bei.

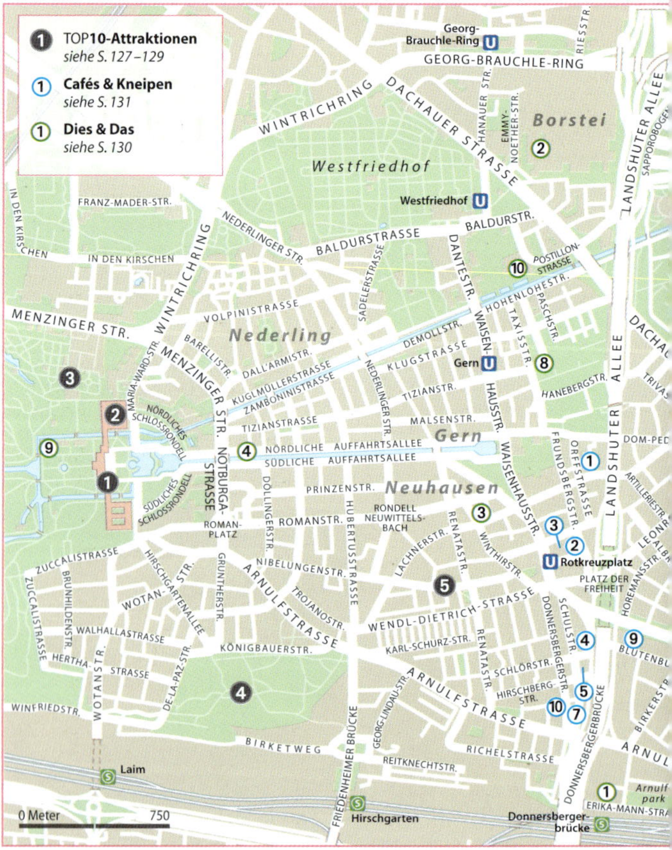

**1 Schloss Nymphenburg**

Als Kurfürstin Adelaide von Savoyen 1662 den ersehnten Thronfolger Max Emanuel zur Welt brachte, stiftete ihr Gatte, Kurfürst Ferdinand, die Theatinerkirche *(siehe S. 91)* und schenkte seiner Frau zudem das Sommerschloss Nymphenburg, das der Architekt Agostino Barelli ab 1664 baute. Die Anlage wurde im Lauf der Zeit mehrfach umgestaltet und erweitert – bis das Hauptgebäude die stolze Länge von 650 Metern besaß. Gleiches geschah mit dem Garten, der sich vom Ziergarten zum Landschaftspark mit

**Schloss Nymphenburg**

»Parkburgen« entwickelte. Im Rondell ist die Porzellanmanufaktur angesiedelt. Das Schlosscafé im Palmenhaus lädt zum Kaffee ein *(siehe S. 30f).*

**2 Museum Mensch und Natur**

Karte B2 ▪ +49 89 179 58 90 ▪ Di – Fr 9 –17, Sa & So 10 –18 Uhr ▪ Eintritt ▪ ♿ ▪ www.mmn-muenchen.de

Das Museum in einem Nebentrakt des Schlosses führt in die Bereiche Bio- und Geowissenschaften sowie Life-Sciences ein. Mit Dioramen, Naturobjekten und interaktiven Exponaten erhält man faszinierende Einblicke in die Geschichte der Erde und des Lebens. Einer der Stars der Dauerausstellung ist Bruno, jener Bär, der 2006 von Italien nach Bayern einwanderte – und trotz Protesten zum Abschuss freigegeben wurde *(siehe S. 31).*

**3 Botanischer Garten**

Karte A2 ▪ Menzinger Straße 65 ▪ +49 89 17 86 13 10 ▪ Zeiten der Website entnehmen ▪ Eintritt ▪ www.botmuc.de

Nördlich des Schlossparks entfaltet der zu Beginn des 20. Jahrhunderts angelegte Botanische Garten seine Faszination. Mit einer Fläche von rund 21 Hektar gehört er zu größten seiner Art in ganz Europa. Auf den

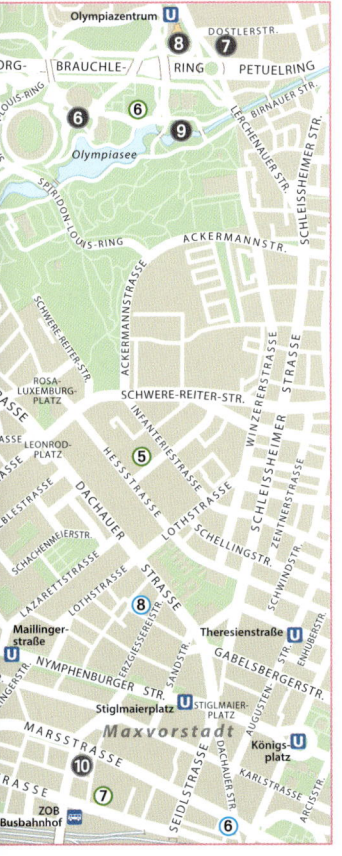

BMW Welt *(links)* und BMW Museum mit dem BMW-Hochhaus dahinter *(rechts)*

Freiflächen und in den Gewächshäusern sind rund 14 000 Pflanzen aus allen Erdteilen kultiviert. Highlights sind das Alpinum mit Alpenflora, das Arboretum mit Baumarten aus aller Welt, die Rhododendronblüte Anfang Juni, die Farnschlucht, der Insektenpavillon mit Schmetterlingen und die Gewächshäuser.

**4 Hirschgarten**
■ Karte B3–4 ■ Hirschgarten 1 ■ +49 89 17 99 91 19 ■ tägl. 11–23 Uhr (Biergarten ab 11.30 Uhr) ■ www.hirschgarten.de

Der Biergarten südlich des Nymphenburger Schlosses besitzt ein Damwildgehege. Es erinnert an die frühere Funktion des Parks als kurfürstliches Jagdrevier (ab 1780). 1791 wurde ein Jägerhaus errichtet, das bei den Münchnern schon bald ein beliebtes Ausflugsziel war und die Schankerlaubnis erhielt – die Anfänge des heutigen Wirtshauses. Besser bekannt ist allerdings der riesige Biergarten (8000 Sitzplätze).

Ansonsten dient der 40 Hektar große Park zum Sport und zur Entspannung – mit Spielplätzen, Hügeln zum Rodeln und Grillarealen.

**5 Neuhausen**
■ Karte CD3–4

Der Rotkreuzplatz ist das Zentrum des zweitgrößten Stadtbezirks von München. In den umliegenden Straßen gibt es eine dichte Kneipen- und Restaurantszene. Die nahen Grünanlagen wie der Botanische Garten, der Schlosspark Nymphenburg und der Hirschgarten erhöhen die Wohnqualität.

**6 Olympiapark**

Das zu den Olympischen Sommerspielen 1972 fertiggestellte Areal im Norden Schwabings ist der Sport- und Vergnügungspark der Münchner *(siehe S. 32f)*.

**7 BMW Museum**
■ Karte E1 ■ Am Olympiapark 2 ■ Di–So 10–18 Uhr ■ Eintritt ■ Tel & Website wie BMW Welt ■ ♿

Am Fuß des vierzylindrigen BMW-Hochhauses steht das schüsselförmige Museum. Der Flachbau beherbergt die Dauerausstellung mit rund 110 Automobilen, Motorrädern und Motoren aus neun Jahrzehnten BMW-Geschichte, die »Schüssel« präsentiert Wechselausstellungen.

Oldtimer im BMW Museum

**⑧ BMW Welt**
Karte E1 ▪ Am Olympiapark 1
▪ +49 89 125 01 60 01 ▪ Gebäude: tägl.
7.30 – 24 Uhr (So ab 9 Uhr); betreute
Ausstellungen: 9 – 18 Uhr ▪ ♿
▪ www.bmw-welt.com

Seit 2007 steht der Prestigebau von
BMW am Olympiapark. Das Ausliefe-
rungs- und Erlebniszentrum des
Autobauers ist mittlerweile eine der
meistbesuchten Attraktionen Münchens. In dem prägnanten Doppelkegel gibt es mehrere betreute Ausstellungen sowie Veranstaltungen zu
Kunst und Kultur. Neben Shops finden sich zudem mehrere Restaurants, darunter das EssZimmer von
Spitzenkoch Bobby Bräuer.

**Akrobatische Einlage im Circus Krone**

**⑨ SEA LIFE**
Das Aquarium im Olympiapark
ist ein Anziehungspunkt für Groß
und Klein *(siehe S. 51)*.

**⑩ Circus Krone**
Karte K2 ▪ Marsstraße 43
▪ 01805 24 72 87 (Tickets)
▪ www.circus-krone.com

Der Kronebau (3000 Sitzplätze) ist
im Sommer ein Ort für Konzerte und
andere Events. Die Zirkus-Saison
beginnt am 1. Weihnachtsfeiertag
und bietet bis Ende Februar drei unterschiedliche Programme. Dann ist
auch der Krone-Zoo geöffnet.

**Spaziergang**

▶ **Vormittags**

Beginnen Sie den Tag in **Schloss
Nymphenburg**. Je nach Wetter
können Sie einen ausgedehnten
Spaziergang durch den Schlosspark machen oder das Schloss
von innen bestaunen. Anschließend bietet sich eine kleine Kaffeepause im **Schlosscafé im Palmenhaus** an. Wer wissen will,
was aus Bruno, dem Bären, geworden ist, sollte im **Museum
Mensch und Natur** (im Seitenflügel des Schlosses) vorbeischau-
en. Anschließend wandern Sie
die Auffahrtsallee Richtung Nymphenburger Straße und essen in
der Tapas-Bar **Volkart** in der
Volkartstraße zu Mittag.

**Nachmittags**

Von der Nymphenburger Straße
ist es nicht weit bis zum Rotkreuzplatz. Hier steigen Sie in die
Tram 12 (Richtung Scheidplatz)
und fahren bis zur Infanteriestra-
ße. Dann gehen Sie die Acker-
mannstraße entlang. Von dort
kommen Sie in den **Olympiapark**.
Hier können Sie die Architektur
der Olympiabauten bestaunen.
Lassen Sie sich auf keinen Fall
die Aussicht vom **Olympiaturm**
entgehen! Bei gutem Wetter
reicht der Blick bis zu den Bergen
– ein einmaliges Erlebnis. Wieder
zurück am Boden geht es gleich
weiter mit spannender Architektur: Die **BMW Welt** wartet auf der
anderen Straßenseite. Wer möch-
te, kann auch gleich noch einen
Abstecher ins **BMW Museum** machen. Den Abend können Sie im
Zwei-Sterne-Lokal EssZimmer in
der BMW Welt (Reservierung
unter +49 89 358 99 18 14) oder
im Restaurant 181 des Olympia-
turms ausklingen lassen.

Siehe Karte S. 126f

# Dies & Das

Stadionbereich des Dantebads

**1** **Freiheiz**
Karte D4 ▪ Rainer-Werner-Fassbinder-Platz 1
Die renovierte Ziegelhalle des einstigen Heizkraftwerks dient als Konzertbühne und Event-Location.

**2** **Borstei**
Karte C1 ▪ Dachauer Straße 140
Die Wohnanlage (1924–29) mit Höfen, Gärten und Brunnen wurde als Alternative zu Mietskasernen errichtet – ein Dorf in der Stadt. Museum.

**3** **Herz-Jesu-Kirche**
Karte C3 ▪ Lachnerstraße 8
Die Kirche wurde 1997–2000 neu errichtet. Sie ist ein halbtransparenter Glasquader mit blauer Front, der Innenraum ist ein frei stehender Holzquader, dessen Lamellen unterschiedliche Lichteffekte zaubern.

**4** **Nymphenburger Kanal**
Karte A–C3
Den Kanal von Schloss Nymphenburg ließ Max Emanuel 1701–03 anlegen. Im Winter wird der zugefrorene Abschnitt vor dem Schloss zum Eisstockschießen genutzt.

**5** **Utopia**
Karte E3 ▪ Heßstraße 132
Die ehemalige Reithalle (1894) im neoromanischen Stil ist nun Bühne für Veranstaltungen wie Konzerte, Festivals, Performances, Theateraufführungen und Ausstellungen.

**6** **Olympiaturm**
Der 290 Meter hohe Olympiaturm ist ein Muss für München-Besucher *(siehe S. 32f)*.

**7** **Augustiner-Keller**
Karte K2 ▪ Arnulfstr. 52
Die historische Gaststätte besitzt einen Biergarten mit sehr alten Kastanien. Ausgeschenkt wird Augustiner Edelstoff vom Fass.

**8** **Taxisgarten**
Karte C2 ▪ Taxisstraße 12
Der Biergarten besteht seit 1924. An Wochenenden gibt es Blasmusik.

**9** **Schlosscafé im Palmenhaus**
Karte A3 ▪ Schloss Nymphenburg, Eingang 43
Das einstige Gewächshaus ist heute ein lichtdurchflutetes Café-Restaurant mit Tischen im Garten.

**10** **Dantebad**
Karte C2 ▪ Postillonstraße 17
Das Freibad hat die meisten Becken aller Münchner Bäder. Im Winter kann man das Warmfreibad (2 Becken à 27 und 30 °C) genießen.

Schöne Lichteffekte: Herz-Jesu-Kirche

# Cafés & Kneipen

**(1) Café Ruffini**
**Karte C3 ▪ Orffstraße 22–24**
▪ **Mo geschl.**
Im Ruffini kann man seit 1978 Brot und Kuchen aus der hauseigenen Bäckerei genießen. Und auch bei allen anderen Speisen wird Wert auf hochwertige Produkte (bio, regional, saisonal) gelegt. Die Dachterrasse ist bei den Gästen sehr begehrt.

**(2) The Victorian House**
**Karte C3 ▪ Ysenburgstraße 13**
Very british: Das Lokal bietet eine Symbiose aus neuer und klassischer englischer Küche in entsprechendem Ambiente – vom Frühstück bis zum Dinner. Natürlich gibt es auch High Tea. Schöne Terrasse.

**(3) Volkart**
**Karte C3 ▪ Volkartstraße 15**
▪ **So & Mo geschl.**
Die Bar de Tapas bietet Tapas und mexikanische Gerichte, darunter viele vegetarische Speisen. Tische im Freien.

**(4) Kitchen2Soul**
**Karte C3 ▪ Schlörstraße 1**
▪ **Do–Sa 10–16**
Zu diesem etwas anderen Café gehört auch eine Buchhandlung. Schmökern Sie bei Avocadobrot, Franzbrötchen oder Bircher Müsli. Ein guter Ort zur Entschleunigung.

**(5) MARITA**
**Karte C3 ▪ Schulstraße 34**
▪ **Di–Fr 11–18, Sa 10–17 Uhr**
Das hübsche kleine Café bietet eine lange Frühstückskarte, wechselnde Mittagsgerichte und Kuchen, die von Omis und Opis gebacken werden.

**(6) Café Kosmos**
**Karte L2 ▪ Dachauer Straße 7**
Szenebar mit Retro-Charme und Wendeltreppe in einer eher schmuddeligen Ecke nahe dem Hauptbahnhof. Seit 2021 hat das Kosmos eine Dachterrasse. Achtung: Das Café ist meist rappelvoll.

**(7) Piacere Nuovo**
**Karte C4 ▪ Donnersbergerstraße 54 ▪ So geschl., Mo nur 11.30–14.30 Uhr**
Ob mittags oder abends: Hier gibt es leckere italienische Köstlichkeiten.

**(8) Baal**
**Karte K1 ▪ Kreittmayrstraße 26**
▪ **So geschl.**
Pasta & Tapas genießt man hier zwischen vollgepackten Bücherregalen. Im Nebenraum stehen Billardtische. Kurz: die ideale Kneipe um die Ecke.

Ruffini – Öko-Café mit Dachterrasse

**(9) Café Neuhausen**
**Karte D3 ▪ Blutenburgstr. 106**
Das Café mit Stuckdecke bietet Frühstück, Mittag- und Abendessen (sonntags Brunch). Überdachter Garten.

**(10) Sappralott**
**Karte C3 ▪ Donnersbergerstr. 37**
Das Augustiner-Gasthaus mit dunkler Holztäfelung serviert bayrisch-internationale Speisen. Große Auswahl an Cocktails.

Siehe Karte S. 126f

# TOP 10 Ausflüge

Andechs – Ziel von Pilgern und Biertrinkern

München ist der ideale Ausgangspunkt für Ausflüge zu den oberbayrischen Seen, etwa dem Fünf-Seen-Land mit Ammersee und Starnberger See oder dem »Bayrischen Meer«, wie der Chiemsee genannt wird. Die Landeshauptstadt liegt nicht weit entfernt von uralten Klöstern und weltberühmten Kirchen wie dem UNESCO-Welterbe Wieskirche. Wer wenig Zeit hat, sollte zumindest eines der Ludwig-Schlösser besuchen. Übrigens: Nicht nur Bergfexe zieht es in die Alpen – bei einem Tagesausflug gelangt man mit zwei Bergbahnen bequem auf Deutschlands höchsten Berg, die Zugspitze.

Ammersee, Teil des Fünf-Seen-Lands westlich von München

**1 Kloster Andechs**

Am Ostufer des Ammersees erhebt sich der »Heilige Berg« fast 200 Meter hoch. Das 1455 gegründete Dominikanerkloster mit Rokoko-Kirche zählt zu den bedeutendsten Wallfahrtsorten Bayerns. Allerdings

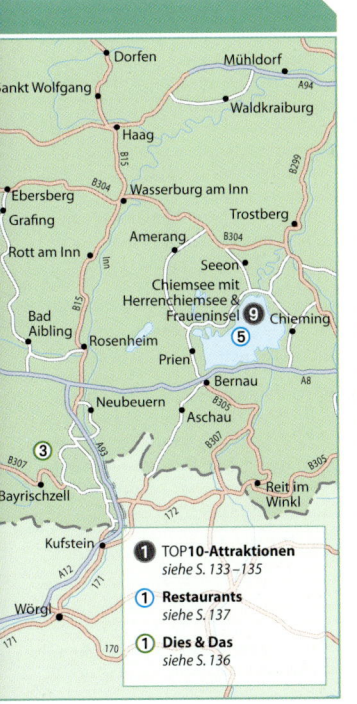

kommen viele auch wegen des berühmten Klosterbiers (Andechser) in der Schänke und im Biergarten.

**2 Ammersee**

Der Ammersee ist Bayerns drittgrößter See (16 km lang, 5 km breit, bis 80 m tief). Er liegt in einem eiszeitlichen Gletscherbecken. Bei klarem Wetter kann man bis zu den Alpen sehen. Zahlreiche Ausflugsorte säumen die Ufer. Geboten sind: Segeln, Rudern, Surfen, Tauchen, Radfahren, Wandern …

**3 Starnberger See**

Von allen Seen der Umgebung war es der Starnberger See (21 km lang, 5 km breit, bis 127 m tief), der zum »Haussee« der Münchner avancierte. Auf dem See verkehren – wie auf Ammersee, Tegernsee und Königssee – die Schiffe der Bayerischen Seenschifffahrt. Mit kleineren Booten kommt man zur einzigen Insel im See, der Roseninsel mit Rosarium. Um den See stehen mehrere Schlösser: »Sisi-Schloss« Possenhofen, Tutzing, Ammerland und Berg, wo sich die Sommerresidenz der Wittelsbacher befindet. Bei Berg kam Ludwig II. nur wenige Meter vom Ufer entfernt unter mysteriösen Umständen zu Tode, ein Gedenkkreuz markiert die Stelle im See. Einen Besuch lohnt das Buchheim-Museum (Museum der Phantasie) nördlich von Bernried mit seiner Expressionisten-Sammlung.

Auf dem Gipfel der Zugspitze, Deutschlands höchstem Berg

**④ Garmisch-Partenkirchen**
Der Hauptort des Nationalen Geotops Werdenfelser Land liegt am Fuß des Wettersteingebirges mit der Zugspitze. Garmisch-Partenkirchen ist einer der beliebtesten Urlaubsorte Deutschlands. Die Marktgemeinde mit über 27 000 Einwohnern ist vor allem als Wintersportort bekannt. 1936 fanden hier die Olympischen Winterspiele statt, 1978 und 2011 die alpinen Ski-Weltmeisterschaften. Doch auch im Sommer zieht es viele Gäste in den heilklimatischen Kurort, der sich hervorragend als Ausgangspunkt für Bergtouren und Ausflüge in die Region eignet.

**⑤ Zugspitze**
Für die Zugspitze bietet sich eine Rundtour mit den Bergbahnen an. Zuerst fährt man mit der Zahnradbahn von Garmisch zum Schneeferner, einem Gletscher auf dem Zugspitzplatt. Von dort kommt man

Schloss Linderhof

mit der Gletscherbahn zum Gipfel (2962 m). Die Aussichtsplattform bietet einen grandiosen Panoramablick – bei guter Fernsicht sieht man bis zu den Dolomiten. Mit der Eibsee-Seilbahn geht es zurück ins Tal. Dabei hat man einen herrlichen Ausblick auf Eibsee, Garmisch-Partenkirchen und Werdenfelser Land.

**⑥ Schloss Linderhof**
Linderhof 12, Ettal ▪ +49 8822 920 30 ▪ Apr – Mitte Okt: tägl. 9 – 18 Uhr; Mitte Okt – März: tägl. 10 – 16.30 Uhr ▪ Eintritt ▪ www.schlosslinderhof.de
Schloss Linderhof geht auf ein Jagdhaus von Maximilian II. zurück. Ludwig II. ließ es abtragen und im Park wiederaufbauen (ab 1872). Das Schloss ist das einzige, das zu Ludwigs Lebzeiten vollendet wurde. Der Schlosspark besteht aus einem französischen Garten mit Parterres und Terrassen, umgeben von einem Landschaftspark. Hier finden sich u. a. das Marokkanische Haus, der Maurische Kiosk und die berühmte Venusgrotte, in der sich der König gern auf einem goldenen Kahn herumrudern ließ.

**⑦ Wieskirche**
Wies 14, Steingaden ▪ +49 8862 93 29 30 ▪ März – Okt: tägl. 8 – 19 Uhr (Mai – Aug: 8 – 20 Uhr); Nov – Feb: tägl. 8 – 17 Uhr ▪ www.wieskirche.de
Die Wallfahrtskirche »Zum gegeißelten Heiland auf der Wies« (1746 – 54), kurz Wieskirche, ist weltweit bekannt. Sie gilt als Rokoko-Juwel und ist das Hauptwerk von Dominikus Zimmermann, dem berühmten Wessobrunner Baumeister und Stuckateur. Seit 1984 zählt sie zum UNESCO-Welterbe.

(8) **Tegernsee & Schliersee**

Der von bewaldeten Bergen umrahmte Tergernsee gehört mit einer Fläche von neun Quadratkilometern und einer Länge von sechs Kilometern zu den größeren Gebirgsseen Oberbayerns. Aufgrund seiner reizvollen Lage und der guten Erreichbarkeit (50 km von München) zählt er seit den Anfängen der »Sommerfrische« im

Chiemsee mit Blick auf Berge und Inseln

19. Jahrhundert zu den beliebtesten bayrischen Ausflugs- und Urlaubszielen.

Der Schliersee, sein kleinerer Nachbar, ist nicht weniger reizvoll. Die landschaftliche Schönheit erschließt sich vor allem von den umliegenden Bergen aus.

(9) **Chiemsee mit Herrenchiemsee & Fraueninsel**

Das »Bayrische Meer« ist mit einer Fläche von 80 Quadratkilometern der größte See Bayerns. Im See liegen vier Inseln, die größten sind Herrenchiemsee (Herreninsel) sowie die Fraueninsel mit einem sehenswerten Kloster (8. Jh.).

Auf Herrenchiemsee stehen das Alte Schloss, ein Chorherrenstift, und das Neue Schloss, besser bekannt als Schloss Herrenchiemsee. Es sollte das bayrische Versailles Ludwigs II. werden. 1878 wurde mit dem Bau begonnen, doch das Schloss blieb unvollendet. Beeindruckend sind das prunkvolle Treppenhaus und die Große Spiegelgalerie – sie übertrifft sogar ihr französisches Vorbild. Im Südflügel liegt das König Ludwig II.-Museum (tägl. geöffnet, Infos: www.herrenchiemsee.de).

(10) **Neuschwanstein**

Das Märchenschloss von Ludwig II. ist ein Muss *(siehe S. 36f)*.

Märchenschloss Neuschwanstein

Siehe Karte S. 132f

# Dies & Das

**Blick auf den beliebten Aussichtsberg Wendelstein** *(links)*

**(1) Murnau am Staffelsee**
Kottmülleralle 6, Murnau
■ Di – So 14 – 17 Uhr ■ Eintritt
Das Münter-Haus, das Sommerhaus von Gabriele Münter und Wassily Kandinsky, war Treff der Maler des »Blauen Reiters«.

**(2) Spitzingsee**
Der wildromantische Spitzingsee (1100 m) ist Teil des Skigebiets Spitzingsee-Tegernsee.

**(3) Wendelstein**
Auf den Gipfel (1838 m) kommt man mit der dienstältesten Zahnradbahn (1912) der Alpen, mit der Seilbahn – oder zu Fuß.

**(4) Kloster Benediktbeuern**
Benediktbeuern (739) ist eines der ältesten Klöster. Die Bibliothek der heutigen barocken Klosteranlage (1669 – 79) enthielt die *Carmina Burana* (13. Jh.).

**(5) Kochelsee & Walchensee**
Ideal für Windsurfer: der Kochelsee (6 km²) und südlich davon der blaugrüne Walchensee, der größte und tiefste deutsche Gebirgssee (16 km², bis 192 m tief).

**(6) Dachau**
Alte Römerstr. 75, Dachau
■ +49 8131 66 99 70 ■ tägl. 9 – 17 Uhr
1933 wurde in Dachau (etwa 20 km von München) das erste KZ errichtet – heute eine der meistbesuchten KZ-Gedenkstätten Europas.

**(7) Kloster Wessobrunn**
Wessobrunner Stuck wurde durch die Familien Schmuzer und Zimmermann weltweit bekannt. Teile des Klosters (www.kloster-wessobrunn.de) können besichtigt werden.

**(8) Murnauer Moos**
Ein Bohlenweg führt ins größte zusammenhängende Moorgebiet Bayerns (32 km²) hinein.

**(9) Kloster Ettal**
Die Abtei (1330) ist heute ein Internat. Das Kloster ist für seine Kräuterliköre berühmt.

**(10) Oberammergau**
Der Luftkurort mit Lüftlmalereien ist durch seine Passionsspiele weltbekannt (nächster Termin 2032).

**Windsurfer, Walchensee**

# Restaurants

**Preiskategorien**
Preis für ein Drei-Gänge-Menü (oder Vergleichbares) pro Person mit einem Glas Wein oder Bier inkl. Steuern und Service.

€ unter 30 €    €€ 30 – 60 €    €€€ über 60 €

**1 Alpenhof Murnau**
Ramsachstraße 8, Murnau
■ +49 8841 49 10 ■ 🚻 ■ €€
Gehobene bayrisch-internationale Küche mit Alpenpanorama.

**2 Gletscherrestaurant Sonnalpin**
www.zugspitze.de ■ €
Das Gletscherrestaurant auf dem Zugspitzplatt (2600 m) ist Deutschlands höchstgelegenes Lokal. Fantastische Sonnenterrasse.

**3 Klosterhotel Ettal**
Kaiser-Ludwig-Platz 10 –12, Ettal ■ +49 8822 9150 ■ €€
Hier speist man bayrisch in Nachbarschaft zum Kloster Ettal.

**4 Herzogliches Bräustüberl Tegernsee**
Schlossplatz 1, Tegernsee ■ +49 8022 41 41 ■ €
Zünftig-gemütliches – eben bayrisches – Gasthaus. Terrasse.

**5 Inselhotel zur Linde**
Fraueninsel im Chiemsee
■ +49 8054 903 66 ■ €€
Im 600 Jahre alten Traditionshotel

Hotel Alte Post, Oberammergau

Herzogliches Bräustüberl Tegernsee

gibt es selbst gebackenen Kuchen – und natürlich bayrische Küche.

**6 Seerestaurant Alpenblick**
Kirchtalstraße 30, Uffing ■ +49 8846 93 00 ■ Mo & Di geschl. ■ €€
Der Blick von der Terrasse oder vom Biergarten auf den Staffelsee ist sensationell. Gute saisonale Küche.

**7 Midgardhaus – Augustiner am See**
Midgardstr. 3 – 5, Tutzing
■ +49 8158 12 16 ■ Mo geschl. ■ €€
Frühstück bis Abendessen auf der Terrasse am Starnberger See, im Biergarten oder im Wintergarten des Midgardhauses (1853).

**8 Hotel Alte Post**
Dorfstraße 19, Oberammergau
■ +49 8822 91 00 ■ €
Bayrische Schmankerln mitten im Ort – im Speiseraum oder im Freien.

**9 Gasthof zum Rassen**
Ludwigstraße 45, Garmisch-Partenkirchen ■ +49 8821 20 89 ■ €
Der traditionelle Gasthof beherbergt das älteste Bauerntheater. Bayrische Gerichte. Terrasse.

**10 Kreut-Alm**
Kreut 1, Großweil ■ +49 8841 58 22 ■ €
Institution mit atemberaubendem Bergpanorama. Typisch bayrische Küche. Terrasse & Biergarten.

Siehe Karte S. 132f ←

# Reise-Infos

U-Bahn-Station Westfriedhof mit dem
Beleuchtungskonzept des Lichtdesigners Ingo Maurer

# Anreise & In München unterwegs

## Anreise mit dem Flugzeug

Der 1992 eröffnete **Franz-Josef-Strauß-Flughafen** ist eine Drehscheibe des Luftverkehrs. Fast alle internationalen und nationalen **Fluglinien** fliegen ihn an. Im Airport gibt es Hunderte von Läden, Supermärkten, Restaurants und Cafés zur Auswahl – sowie eine Touristeninformation. An Terminal 1 und 2 liegen die Büros von über 100 Airlines.

Vom Münchner Flughafen bis zur Innenstadt sind es etwa 28 Kilometer. Der Flughafen liegt direkt an der A92. Mit der S-Bahn (S1 & S8) sind Sie in ca. 40 bis 45 Minuten am Marienplatz oder am Hauptbahnhof. Mit dem Taxi dauert es etwa ebenso lang – falls es keine Staus gibt.

Am Flughafen finden Sie auch die Büros von Mietwagenfirmen.

## Anreise mit dem Zug

Im **Hauptbahnhof München** kommen Züge aus allen Richtungen an. Zu den europäischen Metropolen gibt es meist mehrmals täglich Direktverbindungen. Südbayern ist durch ein dichtes Streckennetz erschlossen.

Die meisten deutschen Züge und Strecken werden von der **Deutschen Bahn AG** betrieben. Auf Fernstrecken verkehren ICE (InterCityExpress), IC (InterCity) und EC (EuroCity). Im Regionalverkehr fahren RE (RegionalExpress) und RB (RegionalBahn). Die S-Bahn (siehe

unten) erschließt einen Radius von ca. 30/40 Kilometern um München.

## Anreise mit dem Bus

Am **Zentralen Omnibusbahnhof (ZOB)** bei der Hackerbrücke starten und halten viele Fernbusse. Zu den Urlaubszentren in Oberbayern gibt es ein dichtes Netz an regionalen Buslinien.

## Anreise per Auto

Sechs Autobahnen laufen sternförmig auf München zu: A8 Stuttgart bzw. Salzburg, A95 Garmisch-Partenkirchen, A96 Lindau, A9 Nürnberg/Berlin, A92 Deggendorf und A94 Passau. Über den Autobahnring (A99, unvollständig) kann man die Stadt umfahren. Wenn Sie in die Stadt hineinfahren, kommen Sie wiederum auf zwei mehrspurige Ringstraßen: den Mittleren Ring und – im Zentrum – den Altstadtring.

## U-Bahn & S-Bahn

1971 ging Münchens erste U-Bahn-Linie in Betrieb. Die Züge sind komfortabel, alle Bahnhöfe behindertengerecht. Sieben Linien fahren im Stadtbereich (die U8 dient nur als Verstärkerlinie). Das Streckennetz umfasst über 100 Kilometer Länge und hat über 100 Bahnhöfe.

Das S-Bahn-Netz führt sternförmig ins Umland und eignet sich für Ausflüge, etwa zu einigen Seen oder nach Dachau. Die S-Bahn ist auch ein wichtiges innerstädti-

sches Transportmittel. Auf der Stammstrecke (11 km mit allen sieben Linien) zwischen Donnersbergerbrücke und Ostbahnhof (via Hauptbahnhof, Stachus und Marienplatz) gibt es Umsteigebahnhöfe zur U-Bahn bzw. zu Bussen und Trams. Die meisten S-Bahnhöfe sind behindertengerecht.

## Trams

Manche Tramstrecken eignen sich für das Sightseeing (Nr. 19 führt durch die Altstadt, Nr. 25 auf einer hübschen Strecke nach Grünwald). Es gibt viele behindertengerechte Wagen mit Rampe.

## Busse

Es gibt vier Arten von Buslinien: MetroBusse für Hauptstrecken, StadtBusse und ExpressBusse für Querverbindungen zu S- und U-Bahn und den City-Ring (Linien 58 und 68). Der StadtBus 100 (Museumslinie) führt an vielen Museen vorbei. Niederflurbusse bieten Rampen für Rollstuhlfahrer.

## Tickets

Für alle Verkehrsmittel des **MVV** (Münchner Verkehrs- und Tarifverbund) – U-/S-Bahnen, Trams, Busse – gelten die gleichen Fahrscheine. Man kann sie an Automaten in U- und S-Bahnhöfen, in Trams und Bussen sowie als Handy-Ticket kaufen. Es gibt Mehrfahrtenkarten (Streifenkarten), Einzeltickets, Tages-, Wochen- und Monatskarten.

Streifenkarten muss man je nach Zone (Zone 1 = Innenraum) entwerten (normal: 2 Streifen, Kurzstrecke: 1 Streifen).

Für Besucher lohnen sich die **München Card** oder der **München City Pass**, die es jeweils in mehreren Varianten und für einen bis fünf Tage ab 13,90 € bzw. 47,90 € gibt. Sie bieten freie Fahrt mit dem MVV sowie Rabatte bzw. sogar freien Eintritt für viele Attraktionen sowie Shopping- und Gastronomie-Angebote. Die München Card eignet sich für flexible Singles und Gruppen, die auf Erkundungstour durch die Stadt gehen und dabei sparen wollen, der München City Pass insbesondere für Kulturinteressierte, die viele Museen besichtigen und an (für sie kostenlosen) Stadtführungen

teilnehmen wollen. Die Karten erhält man u. a. an Automaten, bei den Touristeninformationen oder online.

Mit dem Handy-Ticket kann man sich ein Ticket aufs Smartphone laden (kostenfreie Apps bei www.mvv-muenchen.de).

## Taxis

Taxis kann man telefonisch bestellen, auf der Straße herbeiwinken oder am Taxistand besteigen. Grundpreis 4,70 €, Kilometerpreis 2 €.

## Autofahren

Verzichten Sie für die Innenstadt besser auf das Auto. Man findet kaum Parkplätze. Der Bereich innerhalb des Mittleren Rings ist Umweltzone (grüne Plakette).

## Fahrräder

München ist eine fahrradfreundliche Stadt mit vielen Radwegen. Es gibt Fahrradverleihe und das Mietradsystem **MVG Rad** mit über 4000 Rädern an rund 300 Stationen.

## Zu Fuß

Die Altstadt kann man hervorragend zu Fuß erkunden. Auch Bummel in Schwabing, Haidhausen, Neuhausen, entlang der Isar und im Westend sind wenig anstrengend.

## Bayerische Seenschifffahrt

Auf Starnberger See, Ammersee, Königssee und Tegernsee verkehren die Schiffe der Bayerischen Seenschifffahrt (auch Thementouren).

---

### Mit dem Flugzeug

**Franz-Josef-Strauß-Flughafen**
📞 +49 89 975 00 (Infos)
🌐 munich-airport.de

**Austrian**
📞 +49 69 50 60 05 98
🌐 austrian.com

**Lufthansa**
📞 +49 69 86 799 799
🌐 lufthansa.com

**Swiss**
📞 +49 69 86 79 80 00
🌐 swiss.com

### Mit dem Zug

**Hauptbahnhof München**
Karte L3 · Bayerstraße 10a

**Deutsche Bahn AG**
📞 +49 30 29 70 (Zugauskunft) 🌐 bahn.de

### Mit dem Bus

**FlixBus**
🌐 flixbus.de

**Regionalverkehr Oberbayern**
🌐 dbregiobus-bayern.de

**Zentraler Omnibusbahnhof ZOB**
Karte K2 · Hackerbrücke 4
🌐 muenchen-zob.de

### Mit dem Auto

**ADAC-Pannenhilfe**
📞 +49 89 22 22 22

### U-Bahn & S-Bahn

**München Card & München City Pass**
🌐 muenchen.travel

**MVV/MVG**
Karte N3 · Kundencenter: S-Bahn-Zwischengeschoss Marienplatz
📞 +49 89 41 42 43 44
🌐 mvv-muenchen.de

**Busse & Trams**
🌐 mvg.de

### Taxis

**IsarFunk**
📞 +49 89 45 05 40
🌐 isarfunk.de

**Taxi München eG**
📞 +49 89 216 10/194 10
🌐 taxi-muenchen.com

### Fahrräder

**Call a Bike**
🌐 callabike.de

**MVG Rad (Mietradsystem der Stadt)**
📞 0800 344 22 66 22
🌐 mvg.de

**Pedalhelden**
📞 +49 89 24 21 68 80
🌐 pedalhelden.de

### Schiffe

**Bayerische Seenschifffahrt**
📞 +49 8652 963 60 (Königssee)
🌐 seenschifffahrt.de

# Praktische Hinweise

## Information

Das Münchner Touris-musamt hat zwei **Touristeninformationen**: im Rathaus am Marienplatz und am Hauptbahnhof. Hier erhalten Besucher alle Infos und Dienstleistungen – von Broschüren über Stadtpläne sowie spezielle Tickets bis hin zur Zimmerreservierung.

Des Weiteren gibt es einen Infopoint Museen & Schlösser in Bayern im Alten Hof sowie bei der Hauptinformation im Münchner Flughafen.

Gute Informationsquellen sind auch die Fremdenverkehrsämter der Umgebung, etwa in Garmisch-Partenkirchen (www.gapa-tourismus.de) oder Bad Tölz (www.badtoelz.de), wenn Sie auch das Umland besuchen wollen. Die Tourismusinformationen sind in vielen Belangen sehr hilfreich. Man kann sich auch auf ihren Websites informieren oder Infomaterial anfordern.

## Einreise & Zoll

Bürger aus EU-Staaten sowie der Schweiz benötigen für die Einreise nach Deutschland einen gültigen Personalausweis oder Reisepass. Kinder jeden Alters müssen einen eigenen Lichtbildausweis mitführen.

Zwischen Mitgliedsstaaten des Schengener Abkommens gibt es keine Zollgrenzen mehr. Alle nachweislich zum Privatkonsum erworbenen Waren dürfen zollfrei ein- und ausgeführt werden.

Bürger aus Nicht-EU-Staaten benötigen einen Reisepass und teilweise auch ein Visum. Über aktuelle Zollvorschriften informieren das **Auswärtige Amt** sowie die Botschaft oder ein **Konsulat** Ihres Heimatlandes.

## Sicherheitshinweise

Aufgrund unvorhersehbarer Entwicklungen kann es zu Änderungen und Einschränkungen kommen. Aktuelle Hinweise zu Einreise und Sicherheit finden Sie beim deutschen **Auswärtigen Amt**, beim **österreichischen Bundesministerium für europäische und internationale Angelegenheiten** oder beim **Eidgenössischen Departement für auswärtige Angelegenheiten der Schweiz** *(Weblinks siehe Kasten).*

## Persönliche Sicherheit

München hat eine der niedrigsten Kriminalitätsraten – nicht nur in Deutschland, sondern in Europa. Bayern hat zudem die höchste Aufklärungsrate bei Verbrechen. Sie können einen München-Urlaub also ganz entspannt angehen, wenn Sie allgemeine Vorsichtsmaßnahmen (z. B. nicht nachts allein in Parks oder Außenbezirke gehen) beachten. Auch allein reisende Frauen werden sich hier wohlfühlen.

Große Menschenansammlungen sind immer ein Tummelplatz für Taschendiebe, das gilt auch für München. Seien Sie in

vollen U- oder S-Bahnen, im Gedränge der Fußgängerzone – und insbesondere auf dem Oktoberfest – aufmerksam.

## Medizinische Versorgung

Für EU-Bürger deckt die gesetzliche Krankenversicherung des jeweiligen Landes (EHIC) eine notwendige ambulante oder stationäre ärztliche Behandlung in Deutschland ab. Für Besucher aus anderen Ländern ist eine Auslandsreise-Krankenversicherung empfehlenswert.

Falls es sich nicht um einen akuten Notfall handelt, sollten Sie wochentags eine normale Arzt- bzw. Zahnarztpraxis aufsuchen.

## Krankenhäuser & Apotheken

Die Universitätsstadt München ist mit Krankenhäusern bestens ausgestattet. Einige Kliniken der Universität und der Stadt liegen sehr zentral und haben Nothilfestationen. Zudem gibt es eine Reihe angesehener Privatkliniken.

Apotheken erkennen Sie am charakteristischen roten A. Sie haben meist bis 19 oder 20 Uhr geöffnet. Nach 20 Uhr zeigt jede Apotheke Namen und Adressen derjenigen Apotheken an, die im Umkreis Nachtdienst bzw. am Wochenende Notdienst haben. Sie finden die jeweils nächste Apotheke auch im Internet.

## Fundsachen

Es gibt ein städtisches Fundbüro sowie ein Fundbüro der MVG, falls Sie etwas in U-Bahn, Tram oder Bus vergessen haben. Wer etwas in der S-Bahn hat liegen lassen, wendet sich an die Fundstelle im Hauptbahnhof. Auch im Flughafen gibt es ein Fundbüro.

## Reisende mit besonderen Bedürfnissen

In München gibt es noch vereinzelt Kopfsteinpflaster, das für Rollstuhlfahrer ein Problem sein kann. Auch einige Lokale in Altbauten sind nur eingeschränkt zugänglich.

Die S- und U-Bahn-Stationen im Stadtbereich sind barrierefrei zugänglich (außerhalb teilweise nicht). Auch die meisten Trams sind behindertengerecht ausgestattet. Niederflurbusse sind gekennzeichnet. Nahezu alle öffentlichen Behindertentoiletten befinden sich im MVV-Bereich. Infos enthält der MVV-Plan »Barrierefrei« (an MVV-Verkaufsstellen).

Die Website von München Tourismus zeigt behindertengerechte Hotels, Restaurants, Museen, Schwimmbäder etc.

Das Tourismusamt veranstaltet zudem Stadtführungen für Gehörlose (auch in internationaler Gebärdensprache) und Sehbehinderte bzw. Blinde. Auch einige Anbieter von Stadttouren wie der Weis(s)e Stadtvogel oder Stattreisen München e.V. haben Touren für behinderte Reisende im Programm *(siehe S. 147)*.

Der **Club Behinderter und ihrer Freunde e. V. (CBF)** bietet Infos zu barrierefreien Kinos, Theatern, Museen u. a. Er bietet Begleitungen für kulturelle Events an und hilft außerdem bei der Arztsuche.

### Information

**München Tourismus/ Tourismusamt**
Karte M4 • Herzog-Wilhelm-Straße 15
W muenchen.de

**Touristeninformation am Marienplatz**
Karte N3 • Neues Rathaus, Marienplatz 8
C +49 89 23 39 65 00
Tägl. geöffnet

**Touristeninformation am Hauptbahnhof**
Karte L3 • Luisenstraße 1
Tägl. geöffnet

**Infopoint – Museen & Schlösser in Bayern**
Karte N3 • Alter Hof 1
C +49 89 21 01 40 50
Mo – Sa

### Einreise & Zoll

**Auswärtiges Amt**
W auswaertiges-amt.de

**Zoll**
W zoll.de

### Konsulate

**Österreichisches Generalkonsulat**
Karte H4 • Ismaninger Straße 136, 81675 München

C +49 89 99 81 50
W bmeia.gv.at/ gk-muenchen

**Schweizer Generalkonsulat**
Karte H4 • Prinzregentenstraße 20, 80538 München
C +49 89 286 62 00
W eda.admin.ch/ muenchen

### Reise- & Sicherheitshinweise
W auswaertiges-amt.de
W bmeia.gv.at
W eda.admin.ch

### Notrufnummern

**Euro-Notrufnummer (Feuerwehr, Rettung, Notarzt)**
C 112

**Polizei**
C 110

**Ärztlicher Bereitschaftsdienst**
C 116 117

**Frauen-Notruf**
C +49 89 76 37 37

**Gift-Notruf**
C +49 89 192 40

**Zahnarzt-Notruf**
C +49 89 30 00 55 15

### Krankenhäuser mit Notdienst

**Chirurgische Klinik und Poliklinik**
Karte L4 • Nußbaumstr. 20
C +49 89 44 00-526 47

**Apotheken-Notdienst**
W lak-bayern. notdienst-portal.de

### Fundbüros

**Städtisches Fundbüro**
Karte C6 • Oetztaler Str. 19
C +49 89 23 39 60 45

**MVG Fundbüro**
Karte C5 • Elsenheimerstraße 61
C 0800 344 22 66 00

**Hauptbahnhof**
C +49 89 13 08 66 64

**Flughafen**
C +49 89 97 52 13 70

### Reisende mit besonderen Bedürfnissen

**CBF**
Karte G2 • Johann-Fichte-Straße 12
C +49 89 35 68 808

## Banken

Alle großen Banken sind in München vertreten. Die Dichte von Filialen in der Innenstadt ist sehr hoch. Die meisten schließen gegen 16 Uhr. An einem Tag der Woche haben einzelne Filialen meist länger geöffnet.

Die ReiseBank-Filialen am Münchner Hauptbahnhof und am Flughafen sind bis 19 Uhr offen.

Geldautomaten finden Sie in München an vielen Ecken. Mit Kredit- und Debitkarten plus PIN können Sie hier Bargeld ziehen (bis zu Ihrem Tageslimit). Verständigen Sie bei **Kartenverlust** bzw. -diebstahl unverzüglich Ihre Bank bzw. das Kreditkartenunternehmen, und veranlassen Sie die Sperrung der Karte. Der Sperr-Notruf ist die zentrale Anlaufstelle zur Sperrung von Debitkarten per Telefon.

## Geldwechsel

Für Besucher aus Euro-Ländern sind die Zeiten des Geldwechselns vorbei. Alle anderen Reisenden können in Wechselstuben (wie etwa am Bahnhof) oder bei einer Bank Fremdwährungen in Euro umtauschen. In der City gibt es auch einige Geldwechselautomaten.

## Kredit- & Debitkarten

Fast alle Hotels (mit Ausnahme kleinerer Pensionen), Kaufhäuser und größerer Läden sowie viele Restaurants akzeptieren gängige Kreditkarten wie **Visa** oder **Master-Card**. Weniger verbreitet

sind **American Express** und **Diners Club**. Auch die Bezahlung mit **giro-card** ist problemlos.

In kleineren Lokalen und in einigen Biergärten müssen Sie meist noch bar bezahlen.

## Telefonieren

Im Zeitalter des mobilen Telefonierens sind immer weniger öffentliche Telefone in Betrieb. Bei den meisten handelt es sich um Kartentelefone. Die entsprechenden Karten erhält man in Postfilialen oder in T-Punkt-Läden. Einige funktionieren auch mit Kreditkarten.

Alle in Europa gängigen Handys und Smartphones funktionieren in München ohne Probleme. Die Netzabdeckung ist lückenlos, nur in wenigen abgelegenen Orten, etwa in den Alpen, kann es Funklöcher geben. Handys funktionieren in der S-Bahn problemlos, ebenso in der U-Bahn.

## Internet & WLAN

Alle Münchner Museen sowie die meisten Hotels und Restaurants sind im Internet vertreten. Alle großen Hotels, aber auch viele kleinere bieten ihren Gästen (kabellosen) Internet-Zugang, teilweise kostenlos.

In München findet man nur noch wenige Internet-Cafés (und die sind meist abgelegen), da viele Cafés und Kneipen WLAN anbieten.

Die gute Nachricht für alle Open-Air-Surfer und -Blogger: An vielen Hotspots in München kann man kostenlos surfen. WLAN-Standorte sind

u. a. Marienplatz, Karlsplatz/Stachus, Odeonsplatz, Münchner Freiheit und Deutsches Museum. M-WLAN wird auch mit Verschlüsselung angeboten. Zur Nutzung ist eine einmalige, kostenlose Registrierung mit E-Mail-Adresse nötig. Die »Free Wifi«-Standorte werden ständig ausgeweitet.

## Post

Es gibt inzwischen bedeutend weniger **Postfilialen** in München als früher. Als Ersatz übernehmen Einzelhändler (»Partnerfilialen«) Postdienste. Ehemalige große, architektonisch interessante Postämter wie die Isarpost (19. Jh., Sonnenstraße) oder die Residenzpost (18./19. Jh. gegenüber der Residenz) sind in Shopping-Büro-Areale mit Restaurants oder Event-Locations umgewandelt worden. Porto für Postkarte: 0,70 Euro (europaweit: 0,95 €). Porto für Brief: 0,85 Euro (1,10 €).

## Radio & Fernsehen

München ist die größte Verlagsstadt Deutschlands und ein wichtiger Medienstandort: Diverse Rundfunk- und Fernsehsender – öffentlich-rechtliche wie der Bayerische Rundfunk (BR) sowie private – sind hier ansässig.

Der BR strahlt fünf Radioprogramme aus. Mehrere Privatsender bieten (Verkehrs-)Infos, Nachrichten und Musik. Über Digitalradio nach DAB+ Standard erweitert sich das Angebot in München auf mehrere Hundert Sender.

## Zeitungen & Zeitschriften

Die beiden großen Tageszeitungen, die *Süddeutsche Zeitung (SZ)* und der *Münchner Merkur*, bieten jeweils auch Lokalteile. Ebenso informieren die Münchner Boulevard-Zeitungen *AZ* und *tz* über lokale Events.

## Stadtmagazine

Es gibt einige Münchner Stadtmagazine als Printversionen: *In München* ist das älteste. Es liegt kostenlos in Kneipen, Läden o. Ä. aus. *In München* erscheint 14-täglich und informiert über Kino, Theater, aktuelle Events u. a. Daneben gibt es das kostenlose Lifestyle-Magazin *Monaco de Luxe*.

Ansonsten findet man online jede Menge Portale und Blogs zu München generell und zu speziellen Themen, etwa Frühstückscafés.

## Öffnungszeiten

In der Innenstadt haben die meisten Läden montags bis samstags von 9 bis 20 Uhr geöffnet. Immer wieder wird über eine weitere Lockerung bzw. Aufhebung des Ladenschlussgesetzes diskutiert. Ämter, Banken und Postämter haben kürzere Öffnungszeiten (bis 16, 17 oder 18 Uhr).

## Tickets

Karten für Theater oder Konzerte erhalten Sie meist auch an den entsprechenden Theaterkassen. Die Telefonnummern sind in diesem Reiseführer jeweils angegeben.

Ansonsten organisiert **München Ticket** den Vorverkauf von Karten für die meisten Veranstaltungen. Vorverkaufsstellen sind u. a. am Marienplatz, im Deutschen Theater und im Info-Pavillon am Olympia-Eissportzentrum.

Einen zentralen Kartenvorverkauf gibt es im S-Bahn-Untergeschoss am Marienplatz und im Untergeschoss am Stachus.

## Zeitzone

München liegt in der Mitteleuropäischen Zeitzone (MEZ). Wie in allen Nachbarländern gilt auch in Deutschland von Ende März bis Ende Oktober die Sommerzeit.

## Reisezeit & Klima

München ist zu jeder Jahreszeit eine Reise wert. Natürlich »leuchtet« die Stadt eher im Frühjahr, Sommer und Herbst, doch im Winter gibt es viele kulturelle Veranstaltungen – und der Wintersport in den Skigebieten der nahen Alpen lockt.

Januartage können in München strahlend schön sein. Der April ist meist sehr wechselhaft, der Mai kann sommerlich warm oder ziemlich kalt sein. Im Mai beginnt offiziell die Biergartensaison, auf der Isar finden dann auch die ersten Floßfahrten statt. Die vielen Badeseen bei München sind im August am wärmsten. Im Herbst herrscht oft »Altweibersommer« – er ist die beste Zeit für Wanderungen in der Umgebung. Berüchtigt ist der Föhn, ein warmer, trockener Fallwind von den Alpen.

### Banken

**ReiseBank**
Karte L3 • Bahnhofplatz 2
☎ +49 89 51 11 46 43
🖥 reisebank.de

**Stadtsparkasse**
Karte N4 • Sparkassenstr. 2
☎ +49 89 216 71 01 91
🖥 sskm.de

**HypoVereinsbank UniCredit**
Karte N3 • Kardinal-Faulhaber-Straße 14
☎ +49 89 37 84 80 00
🖥 hypovereinsbank.de

### Kreditkartenverlust

**Allg. Notrufnummer**
☎ 116 116
🖥 sperr-notruf.de

**American Express**
☎ +49 69 97 97 20 00

**Diners Club**
☎ +49 69 90 01 50 14

**MasterCard**
☎ 0800 819 10 40

**Visa**
☎ 0800 811 84 40

**girocard**
☎ +49 69 74 09 87

### Post

**Postbank Finanzcenter**
Karte L3 • Bahnhofplatz 1
Mo – Fr 8 –19 Uhr, Sa
9 –13.30 Uhr

### WLAN
🖥 muenchen.de/leben/wlan-hotspot.html

### München im Netz
🖥 muenchen.de
🖥 ganz-muenchen.de
🖥 mux.de
🖥 munichx.de

### Tickets

**München Ticket**
🖥 muenchenticket.de

**Krist Ticket GmbH**
Karte N3 • Marienplatz
Untergeschoss

**Ludwig Beck**
Karte N3 • Marienplatz 11

## Shopping

Mode finden Sie konzentriert in den Shopping-Meilen der Stadt – Fußgängerzone, Sendlinger Straße (mit HOFSTATT), Maximilianstraße (mit Maximilianhöfen), Residenzstraße und Theatinerstraße (mit den Fünf Höfen) und in Schwabing in der Leopoldstraße bzw. in der Hohenzollernstraße. Ein weiterer Tipp: das Gärtnerplatzviertel, wo es viele Stores mit junger Mode gibt *(siehe S. 68f)*.

In der Fußgängerzone tummeln sich Filialen von Ketten wie **Zara**. Dort befinden sich auch die Kaufhäuser wie die Filialen von **Galeria**.

Die Edelmeile Münchens ist die Maximilianstraße mit Luxusläden wie Dolce & Gabbana, Chanel, Hermès, Gucci, Valentino, YSL, Dior und **Giorgio Armani** (Emporio Armani ist in den Fünf Höfen).

Interessante Musik gibt es z. B. im Musikhaus **Hieber Lindberg** mit einer großen Auswahl an Noten. Ein weiterer Tipp: Die CD-Abteilung bei Ludwig Beck am Rathauseck *(siehe S. 85)* bietet eine gute Auswahl an Klassik (inklusive Neuer Musik) und Jazz.

Neben Münchens neun Filialen von **Hugendubel** finden Sie eine Konzentration von Buchhandlungen rund um die Universität. Für Liebhaber antiquarischer Bücher ist das **Antiquariat J. Kitzinger** ein Muss.

Sommer- und Winterschlussverkauf existieren in alter Form nicht mehr – gleichwohl fallen zum Saisonende die Preise.

Auch das ganze Jahr über gibt es verschiedene Rabatt- und Sonderverkaufsaktionen. Halten Sie einfach Ausschau nach »Sale«-Schildern.

Die Mehrwertsteuer in Deutschland beträgt 19 Prozent (ermäßigt 7 %), sie ist üblicherweise in den Ladenpreisen enthalten.

## Restaurants

Restaurants öffnen meist zur Mittagszeit, manche auch erst ab 18 Uhr. Lokale, die Mittagessen anbieten, haben manchmal für einige Stunden am Nachmittag geschlossen. Abendlokale sind bis Mitternacht oder später geöffnet. In einigen bekommen Sie nach Mitternacht noch etwas zu essen. Die innerstädtischen Biergärten schenken ab 23 Uhr nicht mehr draußen aus. Übrigens: Die meisten Lokale hängen ihre Speisekarte – mit Tageskarte und Menüs – aus.

München besitzt wie jede Großstadt Lokale jeder Art – von arabisch bis polynesisch. Besonders beliebt bei den Münchnern ist die italienische Küche.

Die Landeshauptstadt war lange Zeit Deutschlands »heimliche Hauptstadt« und hat daher eine beträchtliche Anzahl an Spitzenrestaurants und hochpreisigen »Szene-Lokalen«. Einige der Top-Restaurants gehören zu den besten Europas.

Bayrische Küche sollten Sie am ehesten in den traditionellen Wirtshäusern bzw. in den Lokalen, die von Brauereien betrieben werden, testen. Probieren Sie Weißwurst,

Schweinshaxe mit Knödeln oder Rostbratwürste mit Sauerkraut, danach als süße Verführung: Bayrisch Creme.

Traditionelle Biergartenkost sind »Obatzda« (würzige Käsecreme) mit Breze und Münchner Wurstsalat. Typisch bayrisch ist die Brotzeit, eine kalte Mahlzeit mit Wurst, Speck, Käse und Rettich (»Radi«) o. Ä.

Reservieren sollten Sie in Sterne-Restaurants, in beliebten Lokalen sowie für Gruppen. Am Wochenende sind Reservierungen generell empfehlenswert. Achtung: Zahlreiche traditionelle Wirtschaften haben Stammtische, die den Stammgästen vorbehalten sind.

In den Restaurantrechnungen ist die Bedienung inbegriffen. Dennoch ist es üblich, etwa zehn Prozent Trinkgeld zu geben.

## Stadtrundfahrten & Ausflüge

Es gibt verschiedene Anbieter für Stadtrundfahrten sowie für Tagesausflüge – in verschiedenen Sprachen. Start ist meist am Hauptbahnhof. **CitySightseeing** hat drei kombinierbare Fahrten im Doppeldeckerbus im Angebot – nach dem Hop-On-Hop-Off-Prinzip. **Stadtrundfahrten.com** bietet ebenfalls Hop-On-Hop-Off-Rundfahrten, Themenfahrten und Tagesausflüge, u. a. nach Neuschwanstein und Linderhof. Zudem finden sich spezifische Stadtteilrundfahrten sowie Sightseeing per Rad, per Segway, per Fahrradriksha oder per Kutsche. Eine Auflistung von Anbietern finden Sie auf der Website von München Tourismus (www.muenchen.de).

## Stadtführungen

Eine Reihe von Unternehmen bietet interessante Themen-Stadtführungen (z. B. Münchner Jugendstil, jüdisches München, Bier, Wittelsbacher oder Stadtteile), darunter auch Touren für Behinderte. Es gibt Radtouren, Tramtouren, Partyfahrten mit der Tram, kulinarische Touren, Touren zu Drehorten in München und Führungen durch das mystische München oder Stadtführungen mit dem »Nachtwächter« … Oder Sie bevorzugen den Überblick von oben – bei einem Helikopter-Flug über München und Umgebung (Listen von Anbietern auf www.muenchen.de).

## Hotels

Die Münchner Hotelpreise – meist ist das Frühstück inklusive – liegen im Allgemeinen höher als im übrigen Bayern. Doch auch in München kann man preisgünstig übernachten, etwa in kleinen Hotels, Pensionen, Gästeund Apartmenthäusern, in einem der immer beliebter werdenden B & Bs oder auch über Mitwohnportale.

Die Anzahl der Sterne ist ein Qualitätsmerkmal von Hotels – allerdings auch ein Kostenpunkt. Er variiert nach Saison (besonders teuer ist es während des Oktoberfests) und nach Komfort des Zimmers. Viele Hotels haben günstige Wochenend-Arrangements oder Preissenkungen in der Nebensaison.

Sie können Hotelzimmer telefonisch oder online beim jeweiligen Hotel buchen. Zudem bietet München Tourismus in den Touristeninformationen und auch online bzw. über ein Callcenter einen kostenlosen Buchungsservice.

---

### Shopping

**Galeria**
Karte L3 • Bahnhofplatz 7
☎ +49 89 551 20
Karte N3 • Kaufingerstraße 1 – 5
☎ +49 89 23 18 51
Karte L3 • Karlsplatz 21 – 24
☎ +49 89 512 50
Karte G2 • Leopoldstraße 82
☎ +49 89 38 10 60
Karte C3 • Pötschnerstraße 5
☎ +49 89 13 07 70
🌐 galeria.de

**Giorgio Armani**
Karte N3 • Maximilianstraße 32
☎ +49 89 29 19 11 20
🌐 armani.com/de

**Hieber Lindberg**
Karte L3 • Sonnenstr. 15
☎ +49 89 55 14 60
🌐 hieber-lindberg.de

**Hugendubel**
Karte M3 • Karlsplatz 12
Karte N4 • Marienplatz 22
Karte N3 • Theatinerstr. 11
☎ +49 89 30 75 75 75
🌐 hugendubel.de

### Antiquariat

**J. Kitzinger**
Karte F3 • Amalienstraße 65
☎ +49 89 28 35 37
🌐 antiquariat-kitzinger.de

**Zara**
Karte F2 • Leopoldstraße 35
Karte M3 • Neuhauser Straße 33
Karte N3 • Theatinerstraße 7
☎ 0800 101 22 00
🌐 zara.com

### Gastro-Guides & Rezensionen

**Gastroguide München**
🌐 gastroguide-muenchen.de

**München Tourismus**
🌐 muenchen.de

**Süddeutsche Zeitung**
🌐 sueddeutsche.de/thema/Restaurants

### Stadtrundfahrten & Ausflüge

**CitySightseeing**
🌐 citysightseeing-muenchen.de

**Stadtrundfahrt.com**
🌐 stadtrundfahrt.com/muenchen

### Stadtführungen

**Heliflieger**
☎ +49 89 416 10 91 80
🌐 heliflieger.com

**Spurwechsel**
☎ +49 89 692 46 99
🌐 spurwechsel-muenchen.de

**Stattreisen München**
☎ +49 89 54 40 42 30
🌐 stattreisen-muenchen.de

**Weis(s)er Stadtvogel München**
☎ +49 89 203 24 53 60
🌐 stadtvogel.de

### Übernachten

**Locke Living**
☎ +49 89 59 25 10
🌐 lockeliving.com/de/munchen

**Mr. Lodge**
☎ +49 89 340 82 30
🌐 mrlodge.de

**München Tourismus**
☎ +49 89 23 39 65 00
🌐 muenchen.de

# Hotels

**Preiskategorien**
Preis für ein Doppelzimmer pro Nacht mit Frühstück (falls inklusive), Steuern und Service.

€ unter 100 €    €€ 100 – 200 €    €€€ über 200 €

## Luxushotels

### Bayerischer Hof
**Karte M3** ▪ **Promenadeplatz 2 – 6** ▪ **+49 89 212 00** ▪ **www.bayerischerhof.de** ▪ **einige barrierefreie Zimmer** ▪ **€€€**
Eine Institution unter den Hotels – und eine Welt für sich. Das in vierter Generation privat geführte Luxushotel von 1841 bietet 337 individuell gestylte Zimmer und Suiten, 40 Banketträume, fünf Restaurants (das Drei-Sterne-Restaurant Atelier, Garden-Restaurant, Palais Keller, Trader Vic's) und fünf Bars, darunter Falk's Bar, Night Club Bar und Blue Spa Bar, sowie das Blue Spa selbst mit Wintergarten.

### Hotel Vier Jahreszeiten Kempinski
**Karte N3** ▪ **Maximilianstraße 17** ▪ **+49 89 212 50** ▪ **www.kempinski.com** ▪ **€€€**
Eleganz und Luxus zeigen sich hier in der individuellen Ausstattung der 316 klimatisierten Zimmer und Suiten. Das Restaurant Schwarzreiter – benannt nach dem Lieblingsgericht Ludwigs II., einem Tiefseesaibling – bietet junge bayrische Küche. Wellness-Bereich.

### Mandarin Oriental
**Karte N3** ▪ **Neuturmstraße 1** ▪ **+49 89 29 09 80** ▪ **www.mandarinoriental.com** ▪ **€€€**

Erstklassiger Service in historischem Ambiente nahe der Maximilianstraße. Das Nobelhotel hat 53 Zimmer, 20 Suiten sowie Bankett- und Tagungsräume. Von der Dachterrasse mit Pool hat man einen grandiosen Blick auf die Altstadt. Neueste Attraktion bei den Restaurants und Bars ist das Matsuhisa Munich, das einzige deutsche Restaurant des Spitzenkochs Nobu Matsuhisa *(siehe S. 61)*.

### Sofitel Munich Bayerpost
**Karte K3** ▪ **Bayerstraße 12** ▪ **+49 89 59 94 80** ▪ **www.sofitel.com** ▪ **€€€**
Das Fünf-Sterne-Hotel (396 Zimmer, davon 57 Suiten) hinter der historischen Fassade eines wilhelminischen Postgebäudes ist der stilvolle Rahmen für Bankette oder Kongresse mit bis zu 750 Teilnehmern. Großer Spa-Bereich sowie Fitness-Center.

### The Charles Hotel
**Karte L2** ▪ **Sophienstr. 28** ▪ **+49 89 54 45 550** ▪ **www.roccofortehotels.com** ▪ **€€€**
Das Fünf-Sterne-Haus (160 Zimmer und Suiten) der Rocco-Forte-Gruppe am Alten Botanischen Garten nahe beim Karlsplatz bietet luxuriöses Design. Restaurant mit Terrasse, Spa, Fitness-Center und Tagungsräume.

## Businesshotels

### InterCityHotel München
**Karte L3** ▪ **Bayerstraße 10** ▪ **+49 89 44 44 40** ▪ **intercityhotel.de** ▪ **einige barrierefreie Zimmer** ▪ **€€**
Das Hotel liegt direkt beim Hauptbahnhof und besitzt 198 schallisolierte, komfortabel ausgestattete Zimmer sowie sieben Tagungsräume. Restaurant und Bar lassen keine Wünsche offen.

### Hilton Munich City
**Karte Q5** ▪ **Rosenheimer Straße 15** ▪ **+49 89 480 40** ▪ **einige barrierefreie Zimmer** ▪ **www.hilton.de** ▪ **€€**
Das Hotel – 480 luxuriöse Zimmer und 20 Suiten – befindet sich direkt beim Gasteig. Neun variabel bestuhlbare Meetingräume mit Tageslicht sowie ein großer Ballsaal stehen zur Verfügung. Es gibt zwei Restaurants, Bar und Café sowie ein Fitness-Center.

### Hilton Munich Airport Hotel
**Terminalstraße Mitte 20, Oberding** ▪ **+49 89 978 20** ▪ **barrierefreie Zimmer** ▪ **hiltonhotels.de/deutschland/hilton-munich-airport** ▪ **€€€**
Die Attraktion des Hotels ist das verglaste Atrium mit freiem Blick auf die Startbahn des Flughafens – eine ideale Kulisse für Empfänge, Ausstellungen oder Präsentationen. Die 385 großen Gästezimmer sind luxuriös ausgestattet. Business-Center, Spa und Wellness-Bereich mit beheiztem Pool, Whirl-

pool, Sauna und Dampfbad sowie perfekt eingerichtetes Fitness-Center. Frühstück nicht inklusive.

## Marriott Hotel München
**Karte G1 ■ Berliner Straße 93 ■ +49 89 36 00 20 ■ www.marriott.de ■ einige barrierefreie Zimmer ■ €€–€€€**
Das funktionale, komfortable Hotel mit 348 Zimmern und Suiten sowie zehn Konferenzräumen ist auf Geschäftsleute eingestellt und bietet alle Vorzüge einens Tagunshotels.

## Mövenpick Hotel München-Airport
Ludwigstraße 43, Hallbergmoos ■ +49 0811 88 80 ■ www.moevenpick.com ■ einige barrierefreie Zimmer ■ €€
Das topmoderne Vier-Sterne-Tagungshotel befindet sich nur wenige Minuten von den Terminals der Münchner Flughafens entfernt. Es besitzt 165 schallisolierte, komfortabel ausgestattete Zimmer sowie zehn Konferenzräume.

## Mittelklassehotels

## Alpen Hotel München
**Karte L3 ■ Adolf-Kolping-Straße 14 ■ +49 89 55 93 30 ■ www.alpenhotel-muenchen.de ■ einige barrierefreie Zimmer ■ €€**
Das Hotel liegt in der Nähe der Fußgängerzone und dennoch ruhig in einer Seitenstraße. Die 55 Zimmer und Junior-Suiten mit Vier-Sterne-Standard bieten alles, was man von einem Mittelklassehotel erwartet. Im Haus: Restaurant Ste-

fans mit bayrisch-mediterraner Küche. Hübscher Innenhofgarten.

## arthotel munich
**Karte K3 ■ Paul-Heyse-Straße 10 ■ +49 89 59 21 22 ■ www.arthotelmunich.com ■ €€–€€€**
Die Zimmer des zentral gelegenen Jugendstil-Gebäudes sind im modernen Wohnstil eingerichtet und komfortabel ausgestattet. Alle öffentlichen Verkehrsmittel sind in kürzester Zeit erreichbar. Parkgarage im Haus.

## Eurostars Grand Central
**Karte J2 ■ Arnulfstraße 35 ■ +49 89 516 57 40 ■ www.eurostarsgrandcentral.com ■ €€**
Das mit allen modernen technischen Neuheiten ausgestattete Hotel verfügt über 229 Doppelzimmer, 15 Drei-Bett-Zimmer, acht Suiten und zehn Apartments. Schwimmbad, Sauna, Sonnenterraseund Tagungsräume für bis zu 350 Personen.

## Hotel Admiral
**Karte N5 ■ Kohlstraße 9 ■ +49 89 21 63 50 ■ www.hotel-admiral.de ■ €€**
Das Vier-Sterne-Hotel in der Nähe des Deutschen Museums mit 32 individuell eingerichteten Zimmern und hübschem Garten vermittelt Wohlfühl-Ambiente. Tiere sind willkommen. Einige Raucherzimmer. Bio-Frühstücksbüfett.

## Hotel Europäischer Hof
**Karte L3 ■ Bayerstraße 31 ■ +49 89 55 15 10 ■ www.heh.de ■ €–€€**
Das Drei-Sterne-Haus mit 148 Nichtraucher-

Zimmern liegt gegenüber dem Hauptbahnhof. Die Zimmer sind in drei Kategorien unterteilt. Frühstücksbüfett, Tiefgarage und spezielle Angebote für Kinder. Haustiere sind gestattet. Ein Tagungsraum ist vorhanden.

## Hotel Ibis München City Arnulfpark
**Karte J2 ■ Arnulfstraße 55 ■ +49 89 232 49 30 ■ www.ibis.com ■ einige barrierefreie Zimmer ■ €€**
Das Hotel der Accor-Gruppe mit 204 klimatisierten Zimmern (darunter auch zehn Zimmer für Gäste mit eingeschränkter Mobilität) liegt in der Nähe des Hauptbahnhofs und bietet viel funktionalen Wohlfühlkomfort.

## Hotel Gio
**Karte L5 ■ Häberlstraße 9 ■ +49 89 59 99 39 01 ■ www.hotel-gio.de ■ €€**
Das Hotel direkt an der U-Bahn-Station Goetheplatz versetzt in das Italien vergangener Jahrzehnte. Die 80 Zimmer bieten stilvolles Design, die meisten haben einen Balkon mit Blick auf den idyllischen Innenhofgarten. Das Frühstücksbüfett ist nicht inklusive.

## Hotel Leopold
**Karte G2 ■ Leopoldstr. 119 ■ +49 89 36 70 61 ■ www.hotel-leopold.de ■ einige barrierefreie Zimmer ■ €€**
Das traditionsreiche Haus in Schwabing nahe der Münchner Freiheit beherbergt viele Stammgäste. Der klassische Stil und der idyllische Garten spiegeln die Atmosphäre eines Familienbetriebs wider. Die 100 Zimmer haben Vier-Sterne-Komfort. Allergikerbetten.

### Hotel Seibel
Karte J4 ▪ Theresienhöhe 9 ▪ +49 89 540 14 20 ▪ www.seibel-hotels-munich.de ▪ €–€€
Das Drei-Sterne-Hotel in einem Jugendstil-Haus (1897) hat 50 komfortable Zimmer (darunter auch Drei- und Vier-Bett-Zimmer). Manche der Zimmer besitzen einen Balkon mit Blick auf die Theresienwiese. Aktuelle Tagessonderpreise.

### Leonardo Hotel
Karte L3 ▪ Senefelderstraße 4 ▪ +49 89 55 15 40 ▪ www.leonardo-hotels.com ▪ €€
Das ruhig gelegene Hotel ganz in der Nähe des Hauptbahnhofs bietet 80 modern eingerichtete Zimmer mit vielen dekorativen Elementen. Bio-Frühstück. Kostenpflichtige Garage.

## Design-Hotels

### Holiday Inn Munich
Karte H6 ▪ Leuchtenbergring 20 ▪ +49 89 189 08 60 ▪ einige barrierefreie Zimmer ▪ ihg.com ▪ €€
Hier sieht man überall leuchtende Farben. Die Zimmer verfügen über großzügige Badezimmer. Zwei Tagungsräume, ein Business-Center mit modernster Technik sowie Jazzbar. Haustiere sind erlaubt.

### BEYOND by Geisel
Karte N3 ▪ Marienplatz 22 ▪ +49 89 700 74 67 00 ▪ www.beyond-muc.de ▪ €€€
Die 19 Zimmer sind technisch perfekt ausgestattet, die größten haben 57 Quadratmeter. Panoramafenster und stylische Badewannen sind

nur einige von vielen netten Details. Ein willkommener Rückzugsort mitten in der Stadt.

### Cortiina Hotel
Karte N4 ▪ Ledererstraße 8 ▪ +49 89 242 24 90 ▪ www.cortiina.com ▪ €€–€€€
Ein stilvolles Stadthotel für Individualisten: Die 33 Zimmer sind mit naturbelassenen Hölzern, Leinenstoffen, Naturstein, Leder, aber auch mit moderner Technologie ausgestattet. In der Bar trifft sich die Münchner Szene zum Cocktail.

### MOMA 1890
Karte R5 ▪ Orleansplatz 6a ▪ +49 89 448 24 24 ▪ www.moma1890.com ▪ €€
Jedes Zimmer des Hotels in einem 1890 erbauten, mittlerweile denkmalgeschützten Haus ist ein Unikat. Gutes Frühstück mit Eiern von glücklichen Hühnern. Das Personal organisiert Cocktailkurse und Weinverkostungen.

### Flushing Meadows
Karte M5 ▪ Fraunhoferstraße 32 ▪ +49 89 55 27 91 70 ▪ flushingmeadowshotel.com ▪ €€€
Das Design-Hotel im Glockenbachviertel liegt in den beiden oberen Stockwerken eines Industriegebäudes. Es gibt Loft-Studios und ganz oben Penthouse-Studios mit Terrasse. Angesagte Rooftop-Bar mit gemütlicher Terrasse.

### H'Otello
Karte N4 ▪ Baaderstraße 1 ▪ +49 89 309 07 70 ▪ www.hotello.de/b01-muenchen ▪ €€–€€€
Das H'Otello ist ein Design-Hotel in elegantem, puristischem Stil in der

Nähe des Isartors. Die schöne Dachterrasse bietet einen wunderbaren Blick auf die Innenstadt. Die zentrale Lage macht das Haus zum perfekten Ausgangspunkt für Shopping und Sightseeing.

## Preiswerte Hotels

### Hotel Blauer Bock
Karte M3 ▪ Sebastiansplatz 9 ▪ +49 89 23 17 80 ▪ www.hotelblauerbock.de ▪ €–€€
Das familiär geführte Hotel mit 69 Nichtraucher-Zimmern liegt beim Viktualienmarkt. Das mehr als 400 Jahre alte Haus strahlt Altmünchner Atmosphäre aus. Im Haus ist das gleichnamige Traditionslokal angesiedelt. Parkmöglichkeiten.

### Hotel Dolomit
Karte L3 ▪ Goethestr. 11 ▪ +49 89 59 28 47 ▪ www.dolomit-hotel-munich.at-hotels.com ▪ €
Das preiswerte Zwei-Sterne-Hotel liegt in der Nähe von Hauptbahnhof und Theresienwiese. Die 91 Zimmer (darunter auch Drei-Bett-Zimmer) haben Schallschutzfenster. Tagungsräume. Frühstück nicht inklusive. Keine Haustiere erlaubt.

### Hotel Marienbad
Karte M2 ▪ Barer Straße 11 ▪ +49 89 59 55 85 ▪ www.hotelmarienbad.de ▪ €€
Das freundliche Hotel mit 30 Zimmern befindet sich in einem 1850 errichteten Haus im Museumsviertel nahe den Pinakotheken. Schon früh avancierte es zu einem bevorzugten Aufenthaltsort von Künstlern. Zu den Gästen zählten u. a. Rainer Maria Rilke und Giacomo Puccini.

## Hotel Royal
Karte L3 ▪ Schillerstraße 11a ▪ +49 89 59 98 81 60 ▪ www.hotel-royal.de ▪ €
Das zentral gelegene Drei-Sterne-Hotel bietet 40 in warmen Farbtönen gehaltene Zimmer mit Schallschutzfenstern. Es gibt auch Familien- und Mehrbettzimmer. Haustiere sind nicht erlaubt. Das Royal ist das erste Nichtraucher-Hotel in der Innenstadt.

## Motel One München-Sendlinger Tor
Karte M4 ▪ Herzog-Wilhelm-Straße 28 ▪ +49 89 51 77 72 50 ▪ einige barrierefreie Zimmer ▪ www.motel-one.com ▪ €
Das Budget-Hotel mit Design-Faktor ist eine Erfolgsstory. Das Haus »Sendlinger Tor« befindet sich im Herzen der Altstadt. Viele Attraktionen liegen in Gehweite. Das Frühstück ist nicht inklusive, Haustiere sind willkommen.

## Hostels, B & Bs & Apartments

## Bed & Breakfast München
▪ www.bedandbreakfast. de/muenchen ▪ www.muenchen.de/ uebernachten/hotels-bed-breakfast-munich.html
Alternative Übernachtungen zu Hotelzimmern: Pensionszimmer, Apartments und Gästezimmer mit und ohne Frühstück für Tage, Wochen oder Monate.

## Concept Living München
▪ Pfälzer-Wald-Straße 2 ▪ +49 89 66 00 89 10 ▪ www.concept-living-munich.de ▪ €

Modern möblierte Apartments mit Küche, Bad sowie wöchentlicher Reinigung und Wäschewechsel. Sie liegen im Viertel Giesing. Es stehen sieben Apartment-Typen für ein bis acht Personen zur Verfügung. Tiefgarage. Der Frühstücksservice wird extra berechnet.

## Euro Youth Hotel Munich
Karte L3 ▪ Senefelderstraße 5 ▪ +49 89 599 08 80 ▪ www.euro-youth-hotel.de ▪ €
Das zentral gelegene Hostel hat helle und geräumige Zimmer sowie Schlafsäle. Frühstück in Einzel- und Doppelzimmern inklusive. Eurobar mit Live-Musik am Wochenende, Happy Hour (16.30 – 20.30 Uhr).

## Schwan Locke
Karte E5 ▪ Landwehrstraße 75 ▪ +49 89 839 31 60 10 ▪ www.lockeliving. com/de/munchen ▪ €€
Apartmenthaus im Industriedesign und mit Möbeln in kräftigen Farbtönen. Die 151 geräumigen Apartments verfügen über bodentiefe Fenster, Balkone und komplett ausgestattete Küchen. Auch die öffentlichen Bereiche wie etwa Co-Working-Lounge, Bar und Café sind großzügig bemessen.

## Jaeger's Hostel
Karte L3 ▪ Senefelderstr. 3 ▪ +49 89 55 52 81 ▪ www. jaegershotel.de ▪ €
Das Hostel bietet alle Übernachtungsmöglichkeiten von Einzelzimmern bis zu Schlafsälen mit integrierten Bädern. Die gemütliche Bar ist ein beliebter Treffpunkt.

## Maximilian Munich Apartments & Hotel
Karte N4 ▪ Hochbrückenstraße 18 ▪ +49 89 24 25 80 ▪ www.maximilian-munich.com ▪ €€€
Hier hat man die Wahl zwischen 58 Studios, Suiten und Apartments im Haupthaus, den zwei Gartenhäusern im Rosengarten und im Townhouse. Alle Angebote haben Schlaf- und Wohnbereich, ein modernes Bar sowie eine voll ausgestattete Küche. Restaurant & Bar.

## Mr. Lodge
+49 89 340 82 30 ▪ www.mrlodge.de
Das breit gefächerte Angebot umfasst möblierte Ein-Zimmer-Wohnungen genauso wie exklusive Business-Suiten. Tägliche Aktualisierung der Website.

## Smart Stay Hostel Munich City
Karte L4 ▪ Mozartstraße 4 ▪ +49 89 558 79 70 ▪ einige barrierefreie Zimmer ▪ www.smart-stay.de/ hotels/muenchen/hostel-munich-city ▪ €
Das Hostel beim Goetheplatz (Filiale in der Schützenstr. 7) bietet Einzel- und Doppelzimmer mit Dusche/WC sowie Mehrbettzimmer. Außerdem: Bar, Restaurant und Fahrradverleih.

## Wombat's City Hostel Munich
Karte L3 ▪ Senefelderstraße 1 ▪ +49 89 59 98 91 80 ▪ einige barrierefreie Zimmer ▪ wombats-hostels. com/de/munich ▪ €
Im Hostel beim Hauptbahnhof gibt es sowohl Mehrbett- als auch Doppelzimmer – alle mit Dusche und Schließfächern.

**Preiskategorien** siehe S. 148

# Textregister

Seitenangaben in **fetter Schrift** verweisen auf TOP**10**-Highlights und auf Haupteinträge.

## A

ADAC 141
  ADAC-Zentrale 122
Akademie der Bildenden Künste 104
Albrecht III., Herzog 40
Albrecht V., Herzog 92, 103
Allianz Arena 70
Alte Kongresshalle 120
Alte Münze 92
Alte Pinakothek **18f**, 42, 98
Alter Botanischer Garten 47, 100
Alter Hof 90
Alter Nördlicher Friedhof 106
Alter Südlicher Friedhof 122
Altes Messegelände 119
Altes Rathaus, 12, **79**
Altes Schloss (Herrenchiemsee) 135
Altdorfer, Albrecht
  *Alexanderschlacht* 19
Ammersee 133
An der Kreppe 114
Antiquarium 16
Apotheken 142f
Asam, Cosmas Damian & Egid Quirin 41, 44f, 81
Asam-Haus 81
Asamkirche 44, **81**
Audi Dome 120
Augustiner 83, 122, 125, 130
Ausflüge **132–137**
  Cafés & Restaurants 137
  Dies & Das 136
  Karte 132f
Autofahren
  Anreise 140
  In der Stadt 141

## B

Bachrach-Barée, Emanuel
  *Nach der Ermordung Kurt Eisners* 41
Banken 144f
Barelli, Agostino 30, 91, 127
Bars **62f**, 84, 94,108, 116, 123
  Bars mit Live-Musik 63
Bavaria 34,**119**
  Bavaria (Siegestor) 103
Bavaria Filmstadt 50, **54**
Bavariapark 47, 119
Bayerische Staatsbibliothek 103
Bayerische Staatsoper *siehe* Oper

Bayerisches Staatsschauspiel
  *siehe* Residenztheater
Bayerische Volkssternwarte München 49
Behinderte Reisende 143
Behnisch & Partner 32
Berühmte Münchnerinnen 41
Bier **67**
  Starkbierzeit 65
Biergärten 23, 51, **64f**, 66f, 89, 100, 104, 109, 125, 128, 130
Blauer Reiter 97
BMW Museum 43, 128f
BMW Welt 32, 43, 72, **129**
  EssZimmer 129
Borofsky, Jonathan
  *Walking Man* 104, 106
Borstei 130
Botanischer Garten 46, **127f**
Botticelli, Sandro
  *Beweinung Christi* 19
Branca, Alexander von 98
Braunfels, Stephan 99
Bronzemodell der Innenstadt 49
Brueghel, Pieter
  *Schlaraffenland* 19
Bürklein, Friedrich 68, 111
Busse
  städtische 140
  Fernbusse 140

## C

Cafés **62f**, 83, 94, 101, 108, 116, 123, 131
  Frühstück & Brunch 61
  kinderfreundlich 51
  mit Live-Musik 63
Central Tower 122
Chamberlain, John
  *Lilith* 21
Chiemsee 135
Chinesischer Turm 23, 64, 104
Christophorus-Statue (Frauenkirche) 15
Circus Krone 50, **129**
Clubs 84
  *siehe* Nachtleben
Cornelius, Peter von
  *Jüngstes Gericht* 44, 103
Cuvilliés, François d. Ä. 17, 30f, 53, 91, 92
Cuvilliés-Theater 17, 52

## D

Dachau
  KZ-Gedenkstätte 136
Dallmayr 12, 93
Damenstiftskirche St. Anna 45

Dantebad 130
Design Museum, The 20
Design-U-Bahnhöfe 48
Deutsches Museum **26–29**, 42, 50,
Deutsches Theater 53
Dürer, Albrecht
  *Die vier Apostel* 18
  *Selbstbildnis im Pelzrock* 18

## E

Effner, Joseph 30
EHIC 142
Einreise 142
Eismacher, Der verrückte 48
Eisner, Kurt 41
El Greco
  *Entkleidung Christi* 18
Elíasson, Ólafur
  *Endlose Treppe* 122
Elisabethplatz 106
Englischer Garten **22f**, 104
Entlang der Isar **110–117**
  Cafés & Kneipen 116
  Dies & Das 114
  Karte 110
  Restaurants 117
  Shopping 115
  Spaziergang 113
Erzbischöfliches Palais 92
Essen & Trinken *siehe* Bier, Biergärten, Restaurants, Spezialitäten, Vegetarisch & vegan
Everding, August 111

## F

Feinkost Käfer 111, 116
Feldherrnhalle 12, 91
Ferdinand Maria, Kurfürst 30, 45, 127
Fernsehen 144
Festivals & Open-Air-Events **74f**
Filmstadt München **54f**
  Münchner Filmemacher(innen) 55
Fischer, Johann Michael 45
Flaucher 121
Flavin, Dan
  *Monuments for V. Tatlin* 21
Flugwerft Schleißheim 26f, 29
Flüge 140f
Fraueninsel (Chiemsee) 135
Frauenkirche **14f**, 44, 89
Fräulein Grüneis 48f
Freiheiz 130
Friedensengel 112
Fundbüros 143
Fünf Höfe 68, 91, 93
Fußgängerzone 13, **68**, 82, 85

# Bildnachweis & Impressum

## Autorin
Dr. Elfi Ledig arbeitete als Autorin und Redakteurin für Sachbuch- und Reiseführer-Verlage.

## Impressum
**Verlagsleitung** Monika Schlitzer

**Programmleitung** Heike Faßbender

**Redaktionsleitung** Stefanie Franz

**Herstellungskoordination** Antonia Wiesmeier

**Covergestaltung** Sabine Hüttenkofer

**Kartografie** Suresh Kumar, Swati Handoo, DK Delhi

**Gestaltung & Layout** Ute Berretz, München

**Illustrationen** Matthias Liesendahl, Berlin

**Redaktion** Gerhard Bruschke, München

**Schlussredaktion** Philip Anton, Köln

**Satz & Produktion** DK Verlag, München

**Druck** Vivar Printing, Malaysia

Für die deutsche Ausgabe: © 2005, 2022
Dorling Kindersley Verlag GmbH, München
Ein Unternehmen der
Penguin Random House Group
Zuerst erschienen 2005 bei
Dorling Kindersley Ltd., London
A Penguin Random House Company

**ISBN 978-3-7342-0667-2**
6 7 8  24 23 22

## Aktualisierte Neuauflage 2023/2024

Alle Rechte vorbehalten. Reproduktion, Speicherung in Datenverarbeitungsanlagen, Wiedergabe auf elektronischen, fotomechanischen oder ähnlichen Wegen, Funk und Vortrag – auch auszugweise – nur mit schriftlicher Genehmigung des Copyright-Inhabers.

## Dorling Kindersley, London
**Publishing Director** Georgina Dee

**Kartografie** Casper Morris

**Covergestaltung** Maxine Pedliham, Vinita Venugopal

**Herstellung** Jason Little

Unser Dank gilt folgenden Personen, ohne die dieses Buch so nicht möglich gewesen wäre:
Margarita Alber (Staatstheater am Gärtnerplatz), Natalie Bendit (Zuckertag), Claas Blüher (REVORM Designagentur), Jane Blumenstein (Kindermuseum), Angela Brehm (Jüdisches Museum), Kathrin Bürgle (Blutsgeschwister), Stephan Butz (Schneider Bräuhaus), Samay Claro (DOK.fest München), Weronika Nina Demuschewski (Volkstheater), Katrin Dod (Münchner Kammerspiele), Christina Doms (White Rabbit's Room), Kirsten Donikowsky (Deutsches Theater), Sabine Doppler (Doppler Shop), Katrin Göbel (Kokolores), Werner F. Götz (Allianz Arena), Konstanze Hallstein (Metropoltheater), Peter Hinze (Sai Spa), Nadia Hoffmann (Boulderwelten), Thomas Hofmann (Schauburg), Ilona Holzmeier (Münchner Stadtmuseum), Niels Jäger (Flushing Meadows), Kerstin Jungblut (Löwenbräukeller), Pascale Kassel (Tantris), Sarah Kienle (Vinaiolo), Sandra Klimm (Wildpark Poing), Martin Köhler (Marionettentheater), Christiane Kügler-Martens (Bavaria Filmstadt), Christoph Liebl (BMW AG), Gero Loferer (Rote Sonne), Kerstin Lohner (Lohner und Grobitsch), Sabrina Lorenz (Café Lotti), Helmut Maier (Ruffini), Benjamin Mirwald (Volkssternwarte), Uschi Moses (München Marathon), Timo Notbom (FC Bayern Basketball), Ksenia Pavicic (Schneider Bräuhaus), Michael Perlinger (Milch und Bar), Christiane Pfau (Pfau PR), Lisa Plennis (Tierpark Hellabrunn), Julia Prislin (Livingroom), Mara Rusch (Filmfest München), Kerstin Sänger (SEA LIFE), Ingo Sawilla (Residenztheater), Lisa Scherbaum (Gasteig München), Susanne Schneider (Deutsches Museum), Katharina Schwinn (Metropolitan- und Pfarrkirchenstiftung Zu Unserer Lieben Frau), Antonio Seidemann (Theatron MusikSommer), Katja Sorg (Green City e. V.), Nadine Stadler (HOFSTATT), Reinhard Straßer (Münchner Stadtmedien), Dr. Robert Fin Steinle (Museum Fünf Kontinente), Markus Strobl (Circus Krone), Ella Tiemann (Haus der Kunst), Ilse Thoma (SWM), Karolina Watamaniuk (CHI*KA ), Benedikt Will (Lollo Rosso), Nicole Zwetschke (Olympiapark München)

## Bildnachweis
Wir haben uns bemüht, alle Copyright-Inhaber ausfindig zu machen. Der Verlag entschuldigt sich, falls Copyright-Inhaber unbeabsichtigt übersehen worden sein sollten, und bittet diese, sich mit dem Verlag in Verbindung zu setzen.
DK bedankt sich bei folgenden Personen, Unternehmen und Bildarchiven für die Erlaubnis, ihre Fotos zu reproduzieren:

**4Corners** Reinhard Schmid 1

**Alamy** age fotostock/Howard Stapleton 108ol; ALLTRAVEL/Peter Mross 4mol; Arcaid Images/Nigel Young/Foster & Partners 97ol; Manfred Bail 100ol; Bildarchiv Monheim GmbH/Florian Monheim 106ol; Timo Christ 34–35; DanitaDelimont.com/Martin Zwick 90ol; dpa picture alliance Archive/Frank Leonhardt 62u; filmfoto-03edit 75ml; Peter Forsberg 22ur; Prochasson Frederic 103o; Dennis Hallinan 96ol; imageBROKER 98ur; INTERFOTO 40ml, 42um; Art Kowalsky 24–25; Andrew Michael 31mru; Günter Lenz 53ml; *Nach der Ermordung Kurt Eisners am 21. Februar 1919 in München* von Emanuel Bachrach-Barée 41ol; Prisma by Dukas Presseagentur GmbH 44ur; Peter Schickert 86–87; Schloss Nymphenburg *Lola Montez* (1847) von J.K. Stieler 30ml; Martin Siepmann 22–23m; Süddeutsche

Zeitung Photo/Stephan Rump 109ol; Steve Vidler 112or; Petra Wallner 106mr; Westend61 GmbH/Martin Siepmann 74ur

**Allianz Arena** B. Ducke 70ul

**Artothek, Alte Pinakothek München** *Schlaraffenland*, 1566, Pieter Brueghel 18–19; Joachim Blauel *Alexanderschlacht*, 1529, Albrecht Altdorfer 19ol; *Willem van Heythuysen*, um 1625, Frans Hals 19ur; Blauel/Gnamm *Raub der Töchter des Leukippos*, 1618, Peter Paul Rubens 18ur; *Entkleidung Christi*, ca. 1608, El Greco 18ml

**Bavaria Filmstadt** Stoaway 54o

**Bayerische Staatsgemäldesammlungen, München** Jens Weber 43or

**Bayerische Verwaltung der Staatlichen Schlösser, Gärten und Seen** 36mr, 36ul, 37mr

**Berretz, Ute** 65ml

**Blutsgeschwister GmbH** 69ml, 85or

**BMW AG** 32ml, 72ol, 128o

**Boulderwelt** Tobias Leipnitz 70o

**Brasserie OskarMaria** Maik Mahnert 94o

**Café Katzentempel** 108ur

**Café Lotti** 63ml

**Chez Fritz** 117mr

**CHI*KA** 85ml

**Courtesy Die Neue Sammlung – The International Design Museum Munich** Rainer Viertlböck 20ul

**Depositphotos Inc** DmitryRukhlenko 30–31m

**Deutsche Eiche** 57ur

**Deutsches Museum** 11ol, S. Wameser 26ml, 26ur, 27ur, 28or, 28ul, 29ml, 29u, 50or, 119or

**Doppler Shop** Sabine Doppler 115um

**Dorling Kindersley** 10ur, 16ul, 17ur, 22ml, 45om, 79um, 82or, 110ol, 133o, 135or; Lynne McPeake 11ur, 37ul, 136um, 137or, 137ul; William Reavell 58ol, 94m, 123or; Demetrio Carrasco/Rough Guides 34ul, William Shaw 59ml; Roger Smith 126ol

**Dreamstime.com** Rostislav Ageev 15mr, 88ol, 97u; Ahfotobox 111o; Anderm 48u; Annemario 47ml, 118ol, 127or; Nedim Bajramovic 113ul; Beriliu 17ol; Cyphix 89u; Yuri Dmitrienko 12ml; Electropower 12ul; Elenatur 37ol, 135u; Rudolf ernst 91ml; Filmfoto 35ol; Kai Marco Fischer 120ul; Fottoo 23ol, 35ml, 104ol; Glacyer 41ul; GoranJakus 43um; Diego Grandi 122ul; Tobias Großkopf 35ul; Ulf Huebner 2ol, 27o, 8–9; Milan Lazic 121ml; Mapics 3ol, 76–77; Tomas Marek 100l; Jose Juan Pasarin Vazquez 83or; Patrickwang 128ur; Denio Rigacci 117mr; Rosshelen 95ul; Somchai Sinthop 4u; Maria Teresa Weinmann 46o; Whosegallery 134o; Wibaimages 122or; Yfwong74 16m; Yorgy67 134ul; Zaramira 72ml; Zoomzoom 4mor

**Erzbischöfliches Ordinariat München** Dorling Kindersley/Pawel Wojcik 41or

**EurArt** 73ol; 75or

**FC Bayern Basketball** 120or

**Ferdings GmbH** Stefan Herx 123ur

**Filmfest München** 54ul

**Flushing Meadows** 62ol

**Franz, Stefanie** 2or, 3or, 4mul, 6–7, 10mr, 10ml, 10um, 11or, 12–13, 13mr; 14ml, 14ur, 15or, 14–15, 17ml, 26or, 38–39, 40om, 44o, 49ur, 55or, 58ur, 59ol, 63ur, 64m, 64ur, 66, 67ol, 67ur, 68or, 73ur, 78ol, 79or, 82ul, 89or, 90u, 92um–93ol, 93ur, 100ur, 101ol, 101um, 103ur, 104ur, 105ml, 107, 111ur, 112ul, 114, 124, 130ur, 132ol, 136o, 138–139

**Gärtnerplatztheater** Anton Brandl 81ml; Ida Zenna 4o

**Gasteig München GmbH** Tobias Hase 52o

**Gaudermann, Vera** 69or

**Getty Images** Hannes Magerstaedt 129ml

**Getty Images/iStock:** Meinzahn 64ol

**Green City e.V.** Gleb Polovnykov 74ml

**HOFSTATT** 68ul, 85um

**Jüdisches Museum München** Roland Halbe 80ol

**iStockphoto.com** argalis 46ul; nedomacki 92ol

**Kilians Irish Pub** 84ol

**Kindermuseum München** 51ml

**Kino am Olympiasee** 32ur, 55ml

**Kokolores** Katrin Göbel 115or

**La Kaz** 125u

**Livingroom** Gerals Klepka 115ml

**Lollo Rosso** 116ol

**Löwenbräukeller** Kerstin Jungblut 67ml

**Metropoltheater** Jakob Piloty 53or

**Milch und Bar** 84ol

**Muffatwerk** 56ol, 56u

**MÜNCHEN MARATHON** Norbert Wilhelmi 71or

**Münchner Stadtmuseum** 80um

**Museum Fünf Kontinente** 112m

**Museum Brandhorst** Sibylle Forster 21o; Haydar Koyupinar 21ml, 99ml

**Negroni Bar** 116ur

**Olympiapark München** 4mur, 11ml, 32–33,

**Pinakothek der Moderne** Massimo Fiorito 42o; Haydar Koyupinar 98o

**Prinz Myshkin** 59o, 59u, 83ul

**Puttins, Julian** 11mr

**Residenztheater** Hans Jörg Michel 52u

**Restaurant Tantris** Christoph A. Hellhake 60ul,

**Rote Sonne** Südmotor GmbH, Bernd Bergmann/Christoph Ziegler 57ml

**Ruffini** 131mr

**Sai Spa** Peter Hinze 71ml

**SEA LIFE** 33or

**Stadtwerke München** 130ol; Kerstin Groh 32mr

**Tourist-Information Bad Tölz** 65or

**Vinothek by Geisel** Thomas Haberland 61ml

**Volkssternwarte München** 48ol

**White Rabbit's Room** 61or

**Wildpark Poing** 50ul

**Zauberberg** Claudia Kimbacher 60or

**Zuckertag** 51or

## Umschlag

**Vorderseite & Buchrücken: Dreamstime.com** Hurza
**Rückseite: 123RF.com** filmfoto or; **Getty Images/iStock** Nikada ol, RudyBalasko l, sotckcam ur

## Extrakarte

**Dreamstime.com** Hurza

Alle anderen Bilder © Dorling Kindersley.
Weitere Informationen unter
**www.dkimages.com**

# Bairisch für Anfänger

Das Bairische (Bayrische, Bayerische) ist eine deftige Mundart, wobei man wissen sollte, dass manche »derb« wirkenden Äußerungen keineswegs unfreundlich gemeint sind. Ein Statement wie **»Der is scho a Hundling«** drückt einen gewissen Respekt vor einer gewieften Person aus – trotz des »Schimpfworts« Hund(ling).

Der Dialekt hat ein paar Eigentümlichkeiten in der Aussprache. Neben einer Vorliebe für Ellipsen (**Strudl** statt Strudel oder **Schmarrn** statt Schmarren) und für Diphthonge (**Oachkatzlschwoaf** = Eichhörnchenschwanz) sprechen die Einheimischen oft das »V« als »F« aus, so etwa bei Karl Valentin oder Viktualienmarkt. Typisch bayrisch ist die Floskel **fei** (wohl von »fein«), die meist eine bekräftigende Funktion hat, etwa in **»Pass fei auf«** (»Pass ja auf«, »Sieh dich besser vor«). Verstärkt werden kann sie durch ein nachgestelltes **gell**. Aus »ü« ist im Bayrischen oft ein »i« geworden (etwa in **Hittn** = Hütte) – möglicherweise einer der Gründe, warum Einheimische nicht »Tschüs« sagen, sondern eher »Servus«, »Pfia di« oder – das nahe Italien lässt grüßen – »Ciao«.

Eine weitere Eigenart aller Süddeutschen ist es, Namen mit dem bestimmten Artikel zu versehen (etwa **der Huber** oder **»Da kommt ja die Huberin«**) und im Plural nicht die hochdeutsche Höflichkeitsform zu gebrauchen. Beispiel: »Wo kommt **ihr** her?« statt »Wo kommen Sie her?« Das ist nicht unhöflich gemeint, sondern einfach als »bayrischer Plural« – vor allem auf dem Land – gebräuchlich.

Im Übrigen gibt es im Freistaat Bayern ganz verschiedene Dialektvarianten: Neben einem gemäßigten »weicheren« Müncherisch steht der harte niederbayrische Dialekt. Im Allgäu wird eine Mischung aus Alemannisch und Schwäbisch gesprochen, während die Franken (die sich nicht unbedingt als Bayern verstehen) natürlich Fränkisch sprechen. Oft übersehen, da sie nicht gerade in einer Ferienregion leben: die bayrischen Pfälzer in der Oberpfalz.

Doch machen Sie sich keine Sorgen in Bezug auf Ihren Bayern-Urlaub: Man wird Sie verstehen. Für ausländische Besucher gilt: Viele Einheimische sprechen auch Englisch, vor allem die jüngeren Leute.

## Ausdrücke & Redensarten

| | |
|---|---|
| **Amigo** | von span. »Freund«; Bezeichnung für jemanden, der aufgrund von Vetternwirtschaft Karriere macht; in München gab es diverse »Amigo-Affären« (Bestechungsaffären), zuletzt bei der Allianz Arena |
| **Bagaasch** | bezeichnet eine Gruppe unsympathischer Zeitgenossen |
| **Brettl** | Diminutivform von Brett im Sinn von (Kabarett-)Bühne – seit Anfang des 20. Jahrhunderts ein Forum für die Volksschauspieler und -sänger sowie für politisches Kabarett. Ein berühmter Schwabinger, der Brettl-Lieder (für die »Elf Scharfrichter«) schrieb, war Frank Wedekind |
| **Bussi** | Küsschen; »Bussi-Gesellschaft« bezieht sich auf die Münchner Promi-Szene, die sich mit Küsschen begrüßt |
| **deppert** | dumm, blöd |
| **Dirndl** | weibliche Tracht |
| **Fotzn** | Achtung: Dies ist keine abwertende Bezeichnung für Vagina, sondern bedeutet Ohr- oder Mundfeige |
| **Gaudi** | Spaß, Freude an etwas |
| **Grant** | grantig, mürrisch sein (bisweilen auch positiv als eine Art der emotionalen Abwehr, um den anderen erst kennenzulernen) |
| **Großkopfada** | »Großkopf«, Aufschneider, »Bonze«, jemand mit viel Geld oder Macht, etwa ein Politiker |
| **Gschbusi** | Liebschaft (weiblich), Freundin |
| **gschert** | eigentlich »geschoren«: ungehobelt, taktlos (in einigen Fällen auch positiv gemeint) |
| **Gschwerl** | negative Bezeichnung für eine Gruppe, etwa Politikergschwerl, Kulturgschwerl, Promigschwerl |
| **Gstanzln** | »Stanzen«, Couplets; Lieder mit gereimten Texten, wie sie die Volkssänger vortrugen |
| **hinterfotzig** | gemein, hinterhältig |
| **Hundling** | gewiefter, gerissener Kerl, jemand, der mit allen Wassern gewaschen ist |
| **ja mei** | quasiphilosophische Äußerung (etwa »nun ja« oder »so ist die Welt«), die zustimmend, neutral oder auch ablehnend sein kann, je nach Tonfall und Kontext |

| | |
|---|---|
| Jessesmariaundjosef | »Jesus, Maria und Josef«, Ausdruck des Erschreckens, Superlativ von »Um Gottes willen« |
| Mia san mia | »Wir sind wir«, Ausdruck der Erhabenheit über jede Kritik |
| Preiß/Preißn | Preuße/Preußen, auch für Norddeutsche bzw. allgemein für Nichtbayern verwendet |
| Schmarrn | Unsinn, Unfug (auch: die Mehlspeise Kaiserschmarren) |
| Schnürlregen | Regen, der nicht aufhören will und quasi in »Schnüren« fällt |
| Spezl/Spezi(s) | männlicher Freund, Kumpel (Spezi auch: Mixgetränk) |
| Spezlwirtschaft | Vetternwirtschaft, Nepotismus (siehe auch: Amigo) |
| Watschn | Ohrfeige (siehe auch: Fotzn) |
| Wer ko, der ko | »Wer kann, der kann eben« – Ausspruch eines Münchner Lohnkutschers, als er die Kutsche des Kronprinzen überholte (was bei Strafe verboten war) |
| Wiesn | Oktoberfest; die Kurzform bezieht sich auf den Veranstaltungsort, die Theresienwiese |
| Wolpertinger | Fabeltier, das aus einer Mischung mehrerer Tiere – etwa Hase, Huhn, Ente und Rehbock – besteht (ausgestopfte Exemplare sind im Jagd- und Fischereimuseum zu bewundern) |
| Zuagroaste | zugezogene Nichtbayern |

## Grußformeln

| | |
|---|---|
| Griaß Gott | »Grüß Gott« = Guten Tag |
| Pfia Gott/ Wiederschaun | »Behüte dich Gott«/ Auf Wiedersehen |
| Servus | lat. »Diener«, »stets zu Diensten«; sowohl zur Begrüßung als auch zum Abschied verwendbar |

## Essen

| | |
|---|---|
| Apflstrudl | Apfelstrudel |
| Auszogne | rundes Schmalzgebäck, in Fett herausgebackener Brandteig |
| Breze/Brezn | Brezel |
| Brotzeit | Vesper, kalte Zwischen- oder auch Abendmahlzeit |
| Dampfnudl | Mehlspeise aus Hefeteig |
| Fleischpflanzl | Frikadelle |
| Hendl | (Brat-)Hähnchen |

| | |
|---|---|
| Knödl(n) | Klöße; es gibt sie in allen Varianten – als Kartoffelknödl(n), Semmel(n)knödel(n) etc. |
| Leberkäs | bayrisches Fleischerzeugnis, das meist »abgebräunt« (angebraten) in der Semmel oder mit Kartoffelsalat gegessen wird |
| Milli(rahm) | Milch, Milchrahm (= Sahne) |
| Obazda | Frischkäsezubereitung aus Camembert, Zwiebeln, Paprika, Kümmel und Butter (in allen Biergärten erhältlich) |
| Radi | (weißer) Rettich, wird dünn in Scheiben geschnitten in Biergärten gegessen |
| resch | knusprig (etwa das Hendl) |
| Schmankerl | Delikatesse |
| Schmarrn | Kaiserschmarren (auch: Unsinn) |
| Schweinsbraten | Schweinebraten mit Speckkruste, der beim Braten mit Bier übergossen wird |
| Schweinshaxn | bayrisches Nationalgericht |
| Semm(e)l | normales Brötchen |
| Steckerlfisch | über Kohleglut geräucherter Fisch, der auf einen Stecken aufgezogen ist |
| Tellerfleisch | gekochtes Rindfleisch |
| Weißwurst | Wursterzeugnis, das mit süßem Senf gegessen, genauer: »gezutzelt« (mit den Zähnen aus der Pelle genagt) wird |

## Bier & andere Getränke

| | |
|---|---|
| Halbe | ein halber Liter Bier |
| Jagatee | »Jägertee« (Rum mit etwas Tee) |
| Maß | ein Liter Bier im Maßkrug; die in Biergärten oder auf der Wiesn ausgeschenkte Menge |
| Noagerl | Getränkerest (z. B. im Bierglas) |
| Radler | helles Bier mit Zitronenlimonade, wird üblicherweise als Radlermaß ausgeschenkt (auch: Radfahrer) |
| Russnmaß | Weißbier mit Zitronenlimonade |
| Spezi | Mixgetränk aus Cola und Orangenlimonade (auch: männlicher Freund, Kumpel) |
| Stamperl | Schnapsglas (voll Schnaps) |
| Weißbier | Weizenbier (wird in typischen Halblitergläsern serviert) |

# Straßenverzeichnis München (Auswahl)